RICETTARIO DELLA COTTURA SOTTOVUOTO

100 RICETTE, COTTURE A LUNGO TERMINE E A BASSA TEMPERATURA

ALESSANDRA MAMELI

Tutti i diritti riservati.
Disclaimer

Le informazioni contenute in i intendono servire come una raccolta completa di strategie sulle quali l'autore di questo eBook ha svolto delle ricerche. Riassunti, strategie, suggerimenti e trucchi sono solo raccomandazioni dell'autore e la lettura di questo eBook non garantisce che i propri risultati rispecchieranno esattamente i risultati dell'autore. L'autore dell'eBook ha compiuto ogni ragionevole sforzo per fornire informazioni aggiornate e accurate ai lettori dell'eBook. L'autore e i suoi associati non saranno ritenuti responsabili per eventuali errori o omissioni involontarie che possono essere trovati. Il materiale nell'eBook può includere informazioni di terzi. I materiali di terze parti comprendono le opinioni espresse dai rispettivi proprietari. In quanto tale, l'autore dell'eBook non si assume alcuna responsabilità per materiale o opinioni di terzi. A causa del progresso di Internet o dei cambiamenti imprevisti nella politica aziendale e nelle linee guida per l'invio editoriale, ciò che è dichiarato come fatto al momento della stesura di questo documento potrebbe diventare obsoleto o inapplicabile in seguito.

L'eBook è copyright © 2022 con tutti i diritti riservati. È illegale ridistribuire, copiare o creare lavori derivati da questo eBook in tutto o in parte. Nessuna parte di questo rapporto può essere riprodotta o ritrasmessa in qualsiasi forma riprodotta o ritrasmessa in qualsiasi forma senza il permesso scritto e firmato dell'autore.

Sommario

INTRODUZIONE..7

ROTOLO DI ARROSTO SULLA RETE DI PANCETTA.....................9
PETTO DI POLLO ALLA SENAPE...12
AGNELLO SOTTOVUOTO - ININTERROTTO................................15
POLPO AL BURRO DI CHORIZO..16
QUAGLIA SPINACI..18
PETTO DI TACCHINO TAGLIATO IN UNO STRATO DI PEPE..............20
SALMONE CON CAPPERI IN INSALATA......................................21
PETTO D'ANATRA..23
UOVO DI ONSEN AL FORNO CON SPINACI.................................25
INVOLTINI DI POLLO CON PANGRATTATO.................................27
BUTA NO KAKUNI..29
FUNGHI DI COSCIA DI POLLO..31
CARPACCIO DI BARBABIETOLA CON ANATRA ORIENTALE..............34
LA BISTECCA DI MANZO PERFETTA.......................................37
INSALATA DI POLPO CON SALICORNES...................................39
LONZA DI MAIALE..42
ROTOLO DI VITELLO CON RAGÙ DI POMODORO.........................44
ENTRECOTE CON PATATE GRATINATE....................................46
MACEDONIA DI FRUTTA CON ZABAIONE..................................49
CAROTA SOUS VIDE...52
PETTI DI POLLO CROCCANTI CON INSALATA............................54
BISTECCA DI MANZO SU PURÈ DI PATATE................................57
SALSA OLANDESE...60
MAIALE STIRATO - COTTO SOTTOVUOTO.................................62
SALMONE CON PUREA DI CAROTE E PISELLI.............................64
ASPARAGI VERDI...67
UOVO IN CAMICIA CON FRITTELLE..69
ASPARAGI SOTTOVUOTO..71
COSTINE DI MAIALE SOTTOVUOTO..73

- Bastoncini di carote sottovuoto..75
- Filetto di maiale sottovuoto..77
- Purè di patate sottovuoto...79
- Zucca di Hokkaido sous vide...81
- Medaglioni di maiale sottovuoto...83
- Salmone sottovuoto..84
- Petto d'anatra in salsa all'arancia...86
- Millefoglie di mele con salsa ai frutti rossi.....................................88
- Millefoglie di mele con mousse..90
- Salmone sottovuoto con aneto..92
- Involtino di vitello con salsa di cipolle...94
- Mojito infuso sottovuoto..96
- Controfiletto con sous vide...98
- Broccolo romanesco sous vide...101
- Hamburger vegetariani di sedano rapa...103
- Ananas infuso..105
- Guancia di manzo con cavolo cappuccio..107
- Tournedos Rossini..110
- Gratin gratinato...112
- Pollo con broccoli e salsa al formaggio..113
- Purè di patate a 72 gradi..115
- Bistecca di fesa sottovuoto..118
- Roast beef sottovuoto..120
- Filetto di bisonte con fave..122
- Filetto di salmone sottovuoto..124
- Costata di manzo - cotta sottovuoto..126
- Filetto di maiale con crema di dragoncello.......................................127
- Merluzzo sottovuoto..129
- Pancetta di maiale cotta sottovuoto..131
- Rotolo d'anatra sottovuoto...133
- Sella di maiale sous vide..135
- Cosciotto d'agnello cotto sottovuoto...137
- Cosce d'anatra confinate sottovuoto..139
- Asparagi al curry rosso..141

Filetto bollito	143
Pollo alla vaniglia con carote al miele	145
Bistecca di manzo sottovuoto con vino rosso	147
Salmone sottovuoto cotto	149
Pancetta di maiale sottovuoto	151
Filetto di manzo intero dopo sous vide	152
Bistecca di manzo alla ciabatta	154
Coscia di pollo sous vide	156
Gamba in camoscio sottovuoto	158
Filetto sbagliato sous vide cotto	160
Controfiletto di manzo cotto sous vide	162
Patate con yuzu fermentato	164
Asparagi bianchi sous vide	166
Petto d'oca sottovuoto	167
Coniglio sottovuoto	169
Cosciotto di agnello sous vide	171
Filetti di coccodrillo sottovuoto	173
Salmone con crema di formaggio	175
Coscia d'oca sous vide	177
Petto d'oca sottovuoto	179
Roast beef stagionato a secco, sottovuoto	181
Trota salmonata su letto di verdure	182
Dorso e zampe di coniglio con brodo	185
Insalata greca sous vide	189
Manzo sous-vide picanha style	191
Maiale tirato sottovuoto in stile asiatico	193
Uova sottovuoto	197
Cosciotto di agnello sous vide	200
Verdure alla paprika sous vide	201
Finocchi allo zafferano sous vide	203
Roast beef in crosta di noci	205
Filetto di manzo, senza scottare	207
Bistecca di tonno su spinaci al cocco	209
Petto d'anatra all'arancia	211

Sella di agnello con patate gratinate............213

Conclusione..217

INTRODUZIONE

Sous vide (francese), noto anche come cottura prolungata a bassa temperatura, è un metodo di cottura in cui il cibo viene posto in un sacchetto di plastica o in un barattolo di vetro e cotto a bagnomaria più a lungo del normale (di solito da 1 a 7 ore) . , fino a 72 ore o più in alcuni casi) a una temperatura regolata con precisione.

La cottura sottovuoto viene effettuata principalmente mediante macchine a circolazione ad immersione termica. La temperatura è molto più bassa di quella comunemente usata per cucinare, tipicamente da 55 a 60 ° C (da 130 a 140 ° F) per la carne rossa, da 66 a 71 ° C (da 150 a 160 ° F) per il pollame e più alta per le verdure. L'intenzione è quella di cuocere l'articolo in modo uniforme, assicurandosi che l'interno sia ben cotto senza cuocere troppo l'esterno e per trattenere l'umidità.

La cottura sottovuoto è molto più semplice di quanto si possa pensare e generalmente prevede tre semplici passaggi:

- Collega la tua pentola di precisione a una pentola d'acqua e imposta l'ora e la temperatura in base al livello di cottura desiderato.
- Metti il cibo in un sacchetto sigillabile e agganciardo al lato della pentola.
- Finisci rosolando, cuocendo o cuocendo alla griglia i cibi per aggiungere uno strato esterno croccante e dorato.

Con un controllo preciso della temperatura in cucina, sous vide offre i seguenti vantaggi:

- Consistenza. Poiché cucini il cibo a una temperatura precisa per un periodo di tempo preciso, puoi aspettarti risultati molto costanti.
- Gusto. Il cibo viene cotto nei suoi succhi. Ciò garantisce che il cibo sia umido, succoso e tenero.
- Riduzione dei rifiuti. I cibi preparati tradizionalmente si seccano e creano rifiuti. Ad esempio, in media, la bistecca cotta tradizionalmente perde fino al 40% del suo volume a causa dell'essiccazione. La bistecca cotta con cotture di precisione non perde nulla del suo volume.
- Flessibilità. La cucina tradizionale può richiedere la tua costante attenzione. La cottura di precisione porta il cibo a una temperatura esatta e la mantiene. Non c'è bisogno di preoccuparsi di cuocere troppo.

-
- **Rotolo di arrosto sulla rete di pancetta**

Ingredienti per 10 persone
- 4 kg di filetto di maiale
- 2 pacchetti di crema di formaggio (corona di crema di formaggio)
- Pepe
- 2 cipolle
- 6 cucchiai di Rub (paprika rub) o spezie a scelta
- 500 g di pancetta affettata, la più spessa
- 200 g di formaggio cheddar, in un unico pezzo
- 250 g di carne macinata
- 250 ml di salsa barbecue

Preparazione

Tempo totale ca. 2 giorni 1 ora e 30 minuti

Avrai bisogno di uno spago da cucina per legare, un fornello sottovuoto e una macchina per il sottovuoto che includa carta sigillante.

Tritare il salmone di maiale con un taglio a farfalla in modo da creare una bella fetta di carne larga e piatta (avvicinarsi sarebbe oltre lo scopo. Ci sono numerosi video su Internet, dove questo è descritto molto bene. Non è davvero rucola scienza). Se necessario, pestare ancora con il batticarne o una casseruola come una cotoletta.

Nel frattempo, tagliare le cipolle a listarelle o anelli e metterle in una ciotola. Aggiungere due cucchiai di miscela di spezie e impastare bene fino a quando le cipolle perdono la loro struttura rigida. Distribuire il composto rimanente sulla superficie della carne. Distribuire tutta la crema di formaggio sulla superficie della carne e lisciare. Si tolgono circa 18 strisce di pancetta dalla confezione e si distribuiscono una accanto all'altra sulla crema di formaggio. Distribuire le cipolle condite su tutta la superficie. Tagliare ca. Strisce allungate larghe 2,5 - 3 cm del blocco di formaggio. Posizionalo su uno dei due lati più lunghi sul bordo della superficie della carne. Arrotolare la superficie della carne iniziando con il formaggio cheddar in una salsiccia strettamente e con una leggera pressione. Lega l'arrosto in circa 4 punti con dello spago da cucina in modo che non si sfaldi.

Mettere l'arrosto nel sacchetto sigillante e aspirare. Cuocere per circa 24 ore in bagno sottovuoto a 60 ° C.

Il giorno dopo, stendete una rete di pancetta con il resto della pancetta (il mio consiglio con il video su Internet vale anche qui). Arrotolare l'arrosto. Sigillare le estremità con la carne macinata guarnita con una crema spalmabile in modo che il formaggio fuso non si stacchi. Spennellare con salsa barbecue.

Friggere in forno preriscaldato a 150 ° C sulla griglia centrale. Si consiglia di far scorrere una teglia sotto la griglia per raccogliere la salsa e il grasso che gocciolano. Dopo circa 30 minuti, glassare di nuovo l'arrosto. Dopo altri 30 minuti, la salsa si asciuga fino a ottenere una finitura lucida e l'arrosto è pronto.

L'ultimo passaggio può essere fatto anche con calore indiretto sulla griglia a carbone oa gas. L'ho fatto io e nel frattempo ho affumicato l'arrosto. Tuttavia, la variante al forno è quasi altrettanto gustosa.

- **Petto di pollo alla senape**

Ingredienti per 4 persone
Per la carne:
- 2 grandi petti di pollo senza pelle
- 1 spicchio d'aglio
- 1 rosmarino
- 3 foglie di alloro
- 25 g di burro
- Sale marino e pepe

Per la salsa:
- 25 g di burro
- 1 cipolla piccola
- 1 spicchio d'aglio piccolo
- 2 cucchiai. Farina
- 50 ml di vino bianco, più secco
- 250 ml di brodo di pollo
- 5 fili di zafferano
- 200 ml di panna

- Erbe, miste, a tua scelta
- 1 cucchiaino di senape
- Amido alimentare
- zucchero
- Succo di limone
- Sale e pepe
- 2 dischi di Gouda, medioevo

Preparazione

Tempo totale ca. 1 ora 23 minuti

Preriscaldare il bagno sottovuoto a 65 ° C.

Tagliare i petti di pollo a metà nel senso della lunghezza per formare due piccole cotolette. Salate, pepate e mettete in un sacchetto sottovuoto. Pelare e affettare l'aglio. Spalmare sulla carne con il rosmarino, le foglie di alloro e il burro. Vuoto tutto e 30 min. Cuocere a bagnomaria.

Sciogliere il burro e soffriggere le cipolle e l'aglio tritati finemente fino a renderli trasparenti. Cospargere di farina e sfumare con vino bianco e brodo. Aggiungere lo zafferano e il tutto per circa 15 min. cuocere a fuoco lento. Rimuovere la carne dal bagno e dal sacchetto Sous Vide e disporla in una pirofila.

Aggiungere la panna, le erbe e la senape alla salsa. Versare il brodo del sacchetto attraverso un colino fine nella salsa, se necessario legare con la fecola e condire con sale, pepe, zucchero e succo di limone. Se lo desideri, puoi semplicemente aggiungere le erbe per ultime e prima frullare brevemente la salsa.

Versare un po 'di salsa sulla carne, non deve essere completamente ricoperta e ricoperta con mezza fetta di formaggio per circa 7 - 8 min. cuocere a fuoco vivo.

Servire la salsa rimanente extra.

Si sposa bene con risotti e insalate, ma anche con patate o pasta.

- **Agnello sottovuoto – ininterrotto**
-

Ingredienti per 4 persone
- 4 fianchi di agnello, 180 g l'uno
- 3 cucchiai colmi di erbe di Provenza
- 2 cucchiai. olio d'oliva

Preparazione
Tempo totale ca. 2 ore e 10 minuti
Preriscaldare un forno sottovuoto a 54 ° C.
Trasformare prima i fianchi di agnello nelle erbe, quindi mettere l'olio in una busta sous vide e sous vide. La carne dovrebbe essere a temperatura ambiente.
Lasciar cuocere a bagnomaria per 2 ore.
Consiglio: un piacere anche quando fa freddo.

- **Polpo al burro di chorizo**

Ingredienti per 4 persone
- 400 g di Polpo, (Polpo), pronto da cuocere
- 1 spicchio d'aglio, a fette grandi
- 1 foglia di alloro
- 50 ml di vino rosso secco
- 2 cucchiai. olio d'oliva
- 1 peperone grande, rosso
- 200 g di pomodorini, tagliati a metà
- 100 g di burro
- 100 g di chorizo, tagliato a fettine sottili
- 1 spicchio d'aglio, tritato finemente
- Sale affumicato
- polvere di peperoncino
- Sale marino
- Petrolio

Preparazione

Tempo totale ca. 2 ore e 20 minuti

Arrostire i peperoni in un forno riscaldato a 200 ° C fino a quando la pelle diventa nera ed è facile da rimuovere. Tritate i peperoni pelati e snocciolati a cubetti grandi e infornate a 150 ° C. Tagliate a metà i pomodorini, adagiate la superficie tagliata su una teglia ben unta, cospargete di sale marino e infornate.

Aspirare il polpo insieme alle fettine di aglio, alloro, vino rosso e olio d'oliva e metterlo a bagnomaria riscaldato a 72 ° C (bagno sottovuoto). Sia il polpo che i pomodori impiegano circa 1,5 ore.

Poco prima dello scadere del tempo di cottura, sciogliere il burro in una padella non troppo calda e grigliare leggermente le fette di chorizo e l'aglio. Aggiungere la paprika in polvere, i cubetti di paprika ei pomodorini, mescolare accuratamente e condire con sale affumicato e peperoncino in polvere, quindi togliere dal fuoco.

Togliere il polpo dall'infuso, asciugarlo tamponando, tagliarlo a fette spesse circa 5 mm e unire al burro di chorizo.

Per adattarsi: baguette fresche, patate arrosto al rosmarino, pancetta e ravioli ripieni di ricotta.

Poiché un polpo in genere pesa molto più di 400 g, più porzioni possono essere cotte nel bagno sottovuoto contemporaneamente, raffreddate in acqua ghiacciata per almeno 10 minuti e quindi congelate. Se necessario, rigenerare in un bagno caldo a 70 ° C.

- **Quaglia spinaci**

Ingredienti per 1 porzioni
- 1 quaglia
- 1 filetto di petto di pollo
- 50 g di spinaci sbollentati
- 150 ml di panna
- 100 g di crauti
- 20 g di carote, tritate finemente
- 20 g di zucchero semolato
- 10 g di rafano, fresco
- 4 patate piccole, cuocere infarinate, già cotte
- Erbe aromatiche
- Sale e pepe
- Burro chiarificato

Preparazione

Tempo totale ca. 2 ore

Tagliare a pezzi il petto di pollo e frullarlo con gli spinaci. Condisci la finta con sale e pepe.

Separare la carne di quaglia dall'osso e salare leggermente. Stendere i seni in una pellicola sottovuoto. Distribuire sopra la finta di spinaci e coprire il tutto con le cosce di quaglia. Avvolgi la pellicola e forma un rotolo. Ora aspirate il rotolo e mettetelo a bagnomaria a 58 ° C. Lasciatelo riposare per circa 1 ora.

Nel frattempo scaldare i crauti freschi con la panna, aggiungere le carote sbollentate e tagliate a dadini, i piselli dolci e le patate lesse. Portare il tutto a ebollizione brevemente e poi condire con rafano.

Rimuovere la pellicola dal rotolo di quaglie. Friggere brevemente il panino con le erbe su tutti i lati.

Tagliate a fettine e servite.

- **Petto di tacchino tagliato in uno strato di pepe**

Ingredienti per 4 persone
- 1 kg di petto di tacchino
- 6 cucchiai di bistecca al pepe
- 2 cucchiai. zucchero di canna grezzo

Preparazione

Tempo totale ca. 6 ore

Mescolare insieme la bistecca di pepe e lo zucchero grezzo. Trasformare il petto di tacchino nella miscela e premere bene. Aspira tutto in un sacchetto. Preriscaldare il dispositivo sottovuoto a 80 gradi. Mettere la borsa a bagnomaria per ca. 4 ore.

Estrarre e raffreddare nella borsa. Quando il petto di tacchino sarà freddo, asciugatelo e tagliatelo a fettine sottili (salumi).

Si sposa bene con gli asparagi.

- **Salmone con capperi in insalata**

Ingredienti per 2 persone
- 300 g di filetto di salmone senza pelle
- 2 cucchiai. capperi
- ½ mazzo di aneto
- 1 bustina di lattuga, mista
- 1 m di cipolla rossa
- 2 cucchiai. Balsamico, fondente
- 1 cucchiaio. Salsa di pesce
- 1 cucchiaio. Olio d'oliva
- 1 cucchiaino di pepe

Preparazione

Tempo totale ca. 50 minuti

Tritare finemente 1 cucchiaio. capperi e aneto. Strofina il salmone con questa miscela. Mettere il salmone in una busta sottovuoto ea bagnomaria a 55 gradi per 35 min. fermento.

Tagliate le cipolle a rondelle sottili e tritate i restanti capperi, quindi mescolateli con l'aceto balsamico, la salsa di pesce, l'olio d'oliva e il pepe.

Togli il salmone dal sacchetto e dividilo in grossi pezzi. Mescolare l'insalata con la salsa e adagiarvi sopra il salmone caldo.

- **Petto d'anatra**

Ingredienti per 2 persone
- 2 Filetto di petto d'anatra con la pelle
- 50 g di carote, tritate finemente
- 50 g di radice di prezzemolo tritata finemente
- 50 g di scalogno tritato finemente
- 50 g di mela, tagliata a cubetti
- 50 g di prugne tritate finemente
- 1 pizzico di aglio, tritato finemente
- 20 g di zenzero, tritato finemente
- 100 ml di brodo o brodo vegetale, non salato
- 50 ml di salsa di soia, fondente, prodotta naturalmente
- 3 cucchiai di succo di limone
- 1 cucchiaino di paprika in polvere, dolce nobile
- ½ cucchiaino di pepe bianco macinato finemente
- Grasso d'anatra
- sale

Preparazione

Tempo totale ca. 2 ore 35 minuti

Friggere tutti gli ingredienti a dadini piccoli in una casseruola unta, mescolando più volte. Potrebbe formarsi un leggero pane tostato. Sfumare con brodo, salsa di soia e succo di limone e sciogliere con un cucchiaio di legno. Aggiungere i peperoni e il pepe. Ora lascia sobbollire la salsa per circa 10 minuti. Quindi mescolare con uno sbattitore a mano e raffreddare leggermente.

Sciacquare i filetti di petto d'anatra, asciugarli tamponando con carta da cucina e tagliare la pelle a forma di diamante con un coltello affilato. Assicurati di non tagliare la carne. Riempire le bistecche con la salsa raffreddata in un sacchetto sottovuoto e sottovuoto.

Ora riempite d'acqua una pentola di ghisa, mettete un termometro e riscaldate l'acqua a 62 ° C sul campo di induzione. Quando la temperatura è raggiunta, inserire la busta sigillata e chiudere la pentola. Ora è importante controllare la temperatura dell'acqua per 120 min. Non è un problema per il fornello a induzione mantenere stabile la temperatura.

Dopo 2 ore togliete il sacchetto, asciugate leggermente la carne, mettete il sugo in una casseruola e tenetela al caldo. Friggere la carne in una padella calda unta sul lato della pelle per 1 min. E sul lato della carne per 30-45 secondi.

Disporre con la salsa e servire con riso, pasta o tutti i tipi di patate.

- **Uovo di onsen al forno con spinaci**

Ingredienti per 2 persone
- 4 uova, migliore qualità
- 80 g di spinaci surgelati
- 10 g di cipolla tritata finemente
- 20 g di carote
- 50 g di granchi del Mare del Nord
- 40 g di crema di formaggio
- 50 g di burro
- 50 g di Panko
- Sale e pepe
- Noce moscata
- Succo di limone

Preparazione

Tempo totale ca. 1 ora e 10 minuti

Un uovo onsen è un uovo che viene cotto nelle sorgenti calde giapponesi, chiamate onsen, a temperature comprese tra 60 e 70 ° C. Di conseguenza, viene cotto il tuorlo d'uovo, ma non l'albume, perché ci vogliono almeno 72 ° C.

Impostare il dispositivo sottovuoto a 63 ° C, e quando avrà raggiunto la temperatura cuocere le uova a bagnomaria per 60 minuti a 63 ° C.

Nel frattempo, tritate finemente le cipolle e le carote, potete aggiungere altre verdure come peperoni o funghi, aggiungere gli spinaci e cuocere. Condisci bene con sale, pepe e noce moscata.

Mescolare i granchi con la crema di formaggio. Eventualmente riaggiustare la consistenza con un pizzico di succo di limone, se necessario aggiustare di sale e pepe, a seconda del gusto.

Togli le uova dal guscio, asciuga con cura l'albume in eccesso con il dito. Lascia il burro nella padella. Arrotolare il tuorlo d'uovo nel panko e rosolarlo brevemente fino a quando non diventa dorato su entrambi i lati.

- **Involtini di pollo con pangrattato**

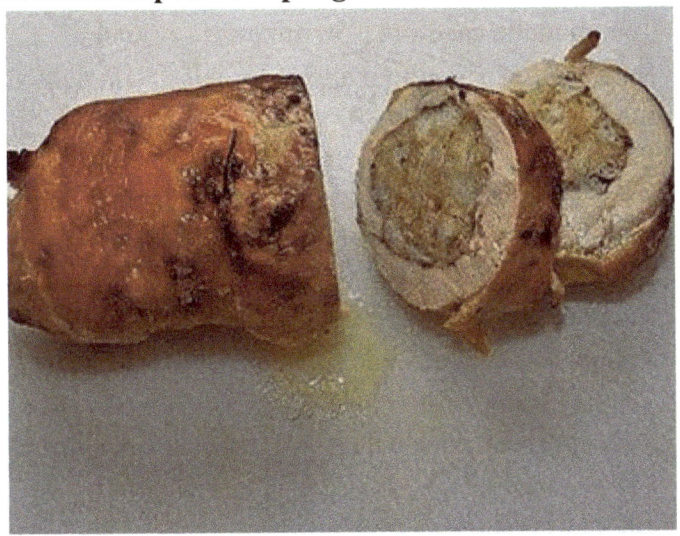

Ingredienti per 4 persone
- 4 petti di pollo o cosce
- 250 g di panino
- 1 uovo
- 100 ml di latte
- Sale e pepe
- Erbe, miste

Preparazione

Tempo totale ca. 3 ore e 30 minuti

Spara ai petti di pollo o alle cosce e lascia la pelle il più integra possibile.

Prepara degli gnocchi con cubetti di pane, uova, latte e spezie. Mescola tutto e lascia riposare.

Adagiare la carne su pellicola trasparente, condire e coprire con lo gnocco. Formare un rotolo, adagiarlo sulla pelle e avvolgerlo con pellicola trasparente.

Vuoto e cuocere a bagnomaria a 68 ° C per circa 3 ore.

Togliere dalla carta alluminio e friggere brevemente in forno preriscaldato a 220 ° o flambare sul fornello a gas.

Taglia e servi.

Anche caldo o freddo come antipasto o con buffet.

- **Buta no kakuni**

Ingredienti per 6 persone
- 1 kg di pancetta disossata
- 100 ml di salsa di soia
- 100 ml di Mirin
- 100 ml di sake
- 2 cucchiai. Salsa di pesce
- 3 cucchiai di zucchero
- 3 spicchi d'aglio
- 6 cm di radice di zenzero
- 3 erba cipollina

Preparazione

Tempo totale ca. 1 giorno 12 ore 40 minuti

Tagliare prima la pancetta, idealmente dovrebbe avere gli stessi strati di grasso e carne possibili, tagliarla a ca. Cubetti da 3 cm. La pancia può essere preparata allo stesso modo con o senza crosta.

Per prima cosa mettere i cubetti con il lato grasso rivolto verso il basso in una padella calda e friggerli energicamente. Poiché parte del grasso si dissolve immediatamente, non è necessario alcun grasso aggiuntivo. Quindi friggere sull'altro lato e togliere dalla padella.

Mescolare il mirin, il sake, la salsa di soia, lo zucchero e un po 'di salsa di pesce. Pelare e affettare l'aglio e lo zenzero, tritare l'erba cipollina.

Aspirate il tutto insieme ai cubetti di pancetta e lasciate macerare nella pentola sottovuoto a 64 gradi per 36 ore. Certo, è anche molto più veloce se si sceglie una temperatura più alta, ma poi il grasso non si trasforma idealmente in uno smalto puro e delicato.

Terminata la cottura, togliere i cubetti di carne dai sacchetti di cottura e tenerli al caldo in forno a 65 ° C. Lasciare ridurre nuovamente il liquido di cottura fino a quando non inizia ad addensarsi. Per servire, coprire finemente i pezzi di pancetta di maiale con la salsa molto aromatica.

Buta no Kakuni si traduce dal giapponese in cubetti di pancetta di maiale semplicemente cotti delicatamente. Le variazioni di questo piatto consistono in particolare nella marinata / liquido di cottura e nel tempo di cottura. A causa della cottura lenta desiderata, la ricetta è particolarmente adatta per la cucina sottovuoto.

- **Funghi di coscia di pollo**

Ingredienti per 2 persone
Per il condimento:
- 1 succo d'arancia, succo d'arancia, ca. 100 ml
- 50 ml di aceto balsamico di Modena
- 1 peperoncino rosso
- 2 cucchiai. olio vergine d'oliva

Per la marinata:
- 70 ml di salsa di soia
- 10 ml di aceto di riso
- Salsa Worcestershire, poche gocce
- 1 cucchiaino di miscela di spezie (paprika in polvere, coriandolo in polvere, zucchero di canna)
- 2 spicchi d'aglio, più freddi
- 6 cosce di pollo
- Per l'insalata:

- 75 g di insalata di mais, pulita e lavata
- 1 cipolla rossa
- 1 peperone rosso
- 1 mazzetto di coriandolo, più fresco

Per le verdure:
- 400 g di funghi freschi
- 1 cucchiaio. caro
- 1 cucchiaio. Mandorle tritate
- Burro o olio chiarificato per friggere
- È più:
- Sale e pepe

Preparazione

Tempo totale ca. 10 ore

Per la salsa di soia marinata, un bel pizzico di aceto di riso (circa 10 ml) e qualche goccia di salsa Worcestershire, mescolare in un contenitore adatto. Aggiungere lo zucchero di canna, il miele, la paprika in polvere e il coriandolo in polvere a piacere (1 cucchiaino). Infine sbucciate l'aglio fresco e premetelo nella marinata. Mescolare le cosce di pollo con la marinata e lasciare raffreddare per almeno 30 minuti, preferibilmente per tutta la notte. Non ci sono limiti alla marinata stessa. La cosa principale è che ha un buon sapore.

Per il condimento mescolare il succo d'arancia appena spremuto in rapporto 2: 1 con l'aceto balsamico. Mezzi: 100 ml di succo d'arancia in 50 ml di aceto balsamico. Quindi aggiungere un peperoncino tritato finemente e un po 'di sale e pepe al condimento. Alla fine, mescolare l'olio in una vinaigrette.

Questa quantità fornisce condimento per circa 4 porzioni. Mi piace tenerlo e poi usarlo il giorno successivo.

Lavate e mondate la lattuga d'agnello e mescolatela con mezza cipolla rossa tritata finemente (a seconda delle dimensioni e del sapore, ovviamente) e un peperone. Strappa il coriandolo e mescolalo. Sale e pepe.

Mondate i funghi, tagliateli a fettine e fateli cuocere in una padella ben calda, preferibilmente nel burro chiarificato, ma è possibile anche l'olio. Sale e pepe. Aggiungere un po 'di miele e spolverare con le mandorle e glassare i funghi sotto la padella.

Scolare bene il pollo dopo averlo marinato e sottovuoto, quindi cuocere a 73,9 gradi Celsius per 1 ora. Taglia la busta da un angolo e versa il liquido. Stendere le cosce su una teglia e schiacciarle brevemente sotto la griglia o (come ho fatto io) fiammeggiarle con un becco Bunsen.

Spalmare con il restante condimento e servire caldo insieme alla lattuga di agnello e ai funghi.

Suggerimento: puoi anche cuocere il pollo al forno.

- **Carpaccio di barbabietola con anatra orientale**

Ingredienti per 2 persone
- 2 tuberi di barbabietola
- 1 confezione di formaggio feta
- 1 cucchiaino di senape di Digione colmo
- 1 cucchiaino di miele
- 1 mazzetto di coriandolo, in alternativa prezzemolo a foglia piatta
- 2 cucchiai. Balsamico, più leggero
- 2 cucchiai. Olio di noci o olio di sesamo, in alternativa olio d'oliva
- 2 cucchiai. Cointreau, in alternativa succo d'arancia
- Sale e pepe
- 1 manciata di pinoli, in alternativa noci
- 1 cucchiaio. Grani di pepe
- 2 garofani
- 1 cucchiaino di cannella

- 1 cucchiaino di cardamomo in polvere
- 5 pimento
- 12 semi di coriandolo
- ½ cucchiaino di peperoncino in polvere
- ½ cucchiaino di paprika
- ½ cucchiaino di zenzero macinato
- 1 petto d'anatra
- Burro chiarificato

Preparazione

Tempo totale ca. 50 minuti

Barbabietola in acqua salata ca. 20 minuti. cuocete, lasciate raffreddare e tagliate a fettine sottili. In alternativa, usa barbabietole precotte.

Tagliate la feta a fettine sottili. Preparare i piatti con barbabietole e formaggio feta.

Per il condimento mescolare miele, aceto balsamico, succo d'arancia, senape, condire con sale e pepe macinato.

Grigliare le spezie rimanenti nella padella senza olio, lasciarle raffreddare leggermente, quindi mescolare. Mettere la miscela di condimento nella busta del congelatore, aggiungere il petto d'anatra. Succhia l'aria fuori dalla borsa e legala. Versare acqua bollente sulla busta in una casseruola, 10 min. Lasciar riposare, versare acqua e versare nuovamente acqua bollente, lasciare riposare ancora per 10 min.

Durante questo periodo tosta i pinoli o le noci. Mettili nei piatti. Tritate grossolanamente il coriandolo o il prezzemolo.

Togli il petto d'anatra dal sacchetto del freezer e mettilo nel burro chiarificato o simile. Friggi per 4-5 minuti su ogni lato. Metti la salsa nel condimento. Lasciate riposare un po 'la carne e tagliatela il più sottile possibile. Metti le fette nei piatti.

Versare il condimento sul carpaccio. Distribuire le erbe aromatiche tritate sui piatti.

- **La bistecca di manzo perfetta**

Ingredienti per 1 porzioni
- 1 vitello
- 2 spicchi d'aglio
- 3 rosmarino
- 7 funghi
- 2 erba cipollina
- Olio per friggere
- Sale e pepe

Preparazione

Tempo totale ca. 2 ore e 15 minuti

Disimballare la bistecca di manzo e asciugarla tamponando, quindi sigillare con il rosmarino e l'aglio sbucciato in un sacchetto sottovuoto. Mettere la busta nel bagno sottovuoto a 53 - 54 ° C. La carne rimane qui per 2 ore.

Mondate i funghi e l'erba cipollina e tagliateli a pezzi. Quando la carne esce dal bagno, puoi iniziare a preparare il contorno in modo che abbia ancora un boccone e non sia completamente cotto.

Togli la carne dalla busta e griglia con il metodo flip-flip, cioè girala ogni 20-30 secondi fino a formare una bella crosta.

Friggere i funghi e l'erba cipollina per circa 5-10 minuti nella padella calda e condire con un po 'di pepe e sale.

- **Insalata di polpo con salicornes**

Ingredienti per 4 persone
- 400 g di calamari (tentacoli di polpa)
- 5 cl di Noilly Prat
- 5 cl di olio d'oliva dolce
- 150 g di Queller (Salicornes)
- 12 pomodorini
- 30 g di pistacchi
- 1 cipolla rossa
- 1 manciata di sale
- Sale marino, grosso
- Per la vinaigrette:
- 4 cl di aceto di sherry
- ½ spicchi d'aglio
- 8 cl di olio d'oliva dolce
- 1 cucchiaino di senape di Digione
- Pepe (pepe di montagna della Tasmania), macinato al momento
- zucchero
- sale

Preparazione

Tempo totale ca. 5 ore e 30 minuti

Risucchiare i tentacoli di polpa insieme al Noilly Prat e all'olio di oliva e cuocere a bagnomaria a 77 ° C per 5 ore. In alternativa cuocete i tentacoli insieme all'olio e al Noilly Prat su una griglia in forno a circa 90 ° C; tuttavia, la carne non acquisisce la stessa consistenza tenera ma resistente al morso del metodo sottovuoto.

Nel frattempo spalmate di sale grosso il fondo di una teglia o di una teglia da forno, adagiate sul sale i pomodorini tagliati a metà con la superficie tagliata rivolta verso l'alto e lasciate asciugare in forno a 110 ° C per circa 2 ore. I pomodori dovrebbero essere ridotti a circa la metà del loro volume. Quindi sfornare, lasciar raffreddare e rimuovere con cura il sale. Il sale può essere riutilizzato "per sempre" per processi di essiccazione simili.

Sbollentare brevemente i salicornes in acqua bollente, far raffreddare velocemente e asciugare tamponando.

Tostare i semi di pistacchio essiccati in forno a circa 150 ° C fino al grado di tostatura desiderato (mai così a lungo da perdere il loro colore verde) e lasciarli raffreddare.

Tagliate la cipolla a rondelle sottili, mescolate con una manciata di sale e lasciate riposare per un'ora. Quindi risciacquare accuratamente e immergere in almeno un litro di acqua fredda per un'altra ora. Scolare l'acqua e asciugare accuratamente le cipolle.

Schiacciare finemente l'aglio e sbattere con l'aceto di sherry, l'olio d'oliva e la senape fino a formare un'emulsione. Condire bene con pepe di montagna, zucchero e sale. Il pepe di montagna, che non è affatto pepe, dovrebbe avere un sapore netto con le sue note floreali e fruttate.

Alla fine del tempo di cottura, togliere la busta di Polpo dal bagnomaria e raffreddare velocemente in acqua ghiacciata. Tagliate i tentacoli a pezzi grossolani e servite con il resto degli ingredienti.

- **Lonza di maiale**

Ingredienti per 3 persone
- 500 g di filetto di maiale (arrosto di maiale)
- 750 g di patate
- 750 g di carote
- Burro fuso
- Sale e pepe
- zucchero

Preparazione

Tempo totale circa 2 ore e 30 minuti.

Lubrificare la carne con burro fuso, sale e pepe. Avvolgi molti, molti strati di pellicola trasparente e assicurati che non ci sia aria sotto la pellicola. Quindi annodare le estremità del film più volte su entrambi i lati.

In realtà, la carne deve essere sigillata con un dispositivo sottovuoto, ma chi non ha tale dispositivo può utilizzare il metodo della pellicola trasparente. È importante che la carne sia completamente sigillata, quindi è meglio usare troppo che non abbastanza foglio di alluminio.

Mettere in una pentola d'acqua e riscaldare a 60 ° C esatti. Su un fornello elettrico questo è compreso tra i livelli 1 e 2 (di 9). Mantenere esattamente questa temperatura è molto importante per il risultato, quindi pianifica un po 'di tempo per riscaldarlo! Quindi, mettete la carne in scatola nella pentola e lasciate cuocere per due ore senza coperchio. Quindi sciogliere il burro in una padella di ghisa molto calda per pochi secondi e caramellare la carne al suo interno per ottenere una bella crosta marrone.

Per le crocchette di patatine fritte, tagliare le patate a cubetti di ca. Lunghi 1 cm (oppure usate delle patate novelle tagliate a dadini molto piccoli) e mettetele in una pentola con acqua fredda. Portare l'acqua a ebollizione e cuocere le patate per due minuti, quindi filtrare.

Sciogliere il burro in una padella di ghisa molto calda e friggere le patate fino a doratura. Quindi mettere la teglia con le patate in un forno preriscaldato a 180 ° C. Friggere le patate fino a cottura ultimata.

Per le carote caramellate, tagliare le carote trasversalmente a pezzi di circa 2 cm di lunghezza e poi in quarti. Versare abbastanza acqua in una padella rivestita fino a coprire il fondo. Aggiungi i fiocchi di burro, lo zucchero e le carote. Cuocere a fuoco basso finché non diventa uno sciroppo marrone e mescolare le carote.

- **Rotolo di vitello con ragù di pomodoro**

Ingredienti per 4 persone
- 8 Involtini, vitello
- 1 rametto di rosmarino
- 150 g di pomodori secchi sott'olio
- 2 spicchi d'aglio
- 50 g di olive nere
- 100 g di parmigiano, tutto intero
- 3 pezzi di filetti di acciughe
- 2 cucchiaini di tè ai capperi
- sale
- Macinapepe
- Per il ragù:
- 500 g di pomodorini
- 1 rametto di rosmarino
- Origano
- Basilico
- 4 cucchiai di olio d'oliva

Preparazione

Tempo totale ca. 1 ora e 40 minuti

Preriscaldare una pentola a cottura lenta (fornello sottovuoto) a 58 ° C per i panini. Mentre si sta scaldando, lavare il rosmarino, asciugarlo tamponando, togliere gli aghi e tritarlo finemente. Scolare i pomodori secchi e pelare l'aglio. Tagliare i pomodori, l'aglio, i capperi, i filetti di acciughe e le olive a cubetti molto piccoli e grattugiare grossolanamente il parmigiano. Per la farsa mettete tutti gli ingredienti preparati tranne i pomodori in una ciotola o nel mortaio con un filo d'olio e mescolate energicamente in una specie di porridge in modo che tutti gli ingredienti siano amalgamati.

Disporre le fette di carne una accanto all'altra su un piano di lavoro. Spazzola con finta, lasciando i bordi liberi. Arrotolare la carne sul lato stretto. O individualmente o max. Vuoto 2 rotoli in un sacchetto. Cuocere in forno a bassa temperatura per 1 ora.

Togliere gli involtini, aggiustare di sale e pepe e friggerli molto brevemente su tutti i lati in una padella antiaderente.

Per il ragù di pomodoro, lavare i pomodori e le erbe aromatiche e scuotere per asciugare. Strappare gli aghi o le foglie e tagliarli finemente. Mettere i pomodori insieme alle erbe in un sacchetto sottovuoto e condire leggermente con sale e pepe. Cuocere in forno a bassa temperatura a 85 ° C per 40 minuti.

- **Entrecote con patate gratinate**

Ingredienti per 2 persone
Per la carne:
- 500 g di entrecote
- 4 rametti di rosmarino
- 4 rametti di timo
- 2 foglie di alloro
- 50 g di burro

Per gratinare:
- 900 g di patate cerose
- 450 ml di panna montata
- 1 spicchio d'aglio
- 250 g di formaggio gratinato
- 3 pizzichi di sale, pepe, noce moscata

- 3 bicchieri di vino bianco

Preparazione
Tempo totale ca. 90 minuti
Riscaldare il bagnomaria alla temperatura desiderata.
Preriscaldare il forno a 180 ° C (forno ventilato).
Mettere nel sacchetto sottovuoto l'entrecote con rosmarino, timo, alloro e burro e mescolare bene il tutto.
Aspirare la carne in un sacchetto, metterla a bagnomaria e cuocere per 70 minuti.
Pelare, tagliare a metà e tagliare le patate a fettine sottili (lasciare le patate tagliate nella loro forma, non separarle).
Tagliare a metà lo spicchio d'aglio e strofinare generosamente una pirofila.
Mettere le metà delle patate tagliate nella teglia. Quando il pavimento è coperto, impilarli in silenzio uno sopra l'altro. La panna e il vino vengono versati sopra, conditi con sale, pepe (le patate possono avere molto sale) e la noce moscata viene grattugiata. Cospargere il formaggio sulla crema di miscela di patate e far scorrere la teglia nel forno preriscaldato per 60 minuti.
Riscaldare la padella a fuoco alto, se inizia a fumare, aggiungere il burro e la bistecca e grigliare brevemente su tutti i lati fino a formare una crosta uniforme. Preriscalda il dispositivo alla fiamma più alta per prepararlo nell'apicoltore. Regolare l'inserto in modo che la carne sia a 1 cm dal fuoco. Mettere la griglia sulla carne e, a seconda dello spessore, cuocere la bistecca per 15-30 secondi per lato.

Mettere la carne su un piatto preriscaldato, salare e servire con il gratin.

- **Macedonia di frutta con zabaione**

Ingredienti per 2 persone
Per l'insalata:
- 2 pere
- 1 ananas tenero
- 10 fragole
- 10 uva da tavola scura
- 2 kiwi
- 4 rametti di rosmarino
- 4 rametti di timo
- 1 manciata di menta fresca
- 3 cucchiaini di zucchero di canna di canna
- 4 cucchiai di rum

- 1 cucchiaino di sale
Per lo Zabaione:
- 4 tuorli d'uovo
- 4 cucchiaini di zucchero
- 100 ml di vino bianco
- 1 bicchierino di amaretto (facoltativo)

Preparazione
Tempo totale ca. 150 minuti
Preriscaldare il bagnomaria a 60 ° C.
Tagliate le pere in otto per il lungo, privatele del torsolo, cospargetele leggermente di sale e dividete i rametti di rosmarino in due sacchetti.
Tagliare la buccia dell'ananas, tagliare il frutto in quarti nel senso della lunghezza e tagliare il gambo. Cospargere di zucchero di canna, mettere in un sacchetto, aggiungere le foglie di menta e rifinire con il rum.
Lavate le fragole e asciugatele tamponando. Tagliarla a metà nel senso della lunghezza e dividerla in due sacchetti.
Lavate l'uva, asciugatela, tagliatela a metà nel senso della lunghezza e mettetela in un sacchetto di alluminio.
Pelare e tagliare in quarti il kiwi e metterlo in un sacchetto con i rametti di timo.
Cuoci le fragole per 15 minuti. Quindi rimuovere la busta dall'acqua e lasciarla raffreddare in una ciotola di acqua fredda.
Scaldare il bagnomaria a 65 ° C. Aggiungere il kiwi e l'uva all'acqua e, se necessario, mettere il sacchetto nella pentola con le mollette. Cuocere per 15 minuti.

Togli il sacchetto e mettilo nella ciotola di acqua fredda con le fragole.

Riscaldare il bagnomaria a 75 ° C, aggiungere le pere e cuocere per 30 minuti. Togli la busta e mettila in acqua fredda.

Riscaldare il bagnomaria a 85 ° C. Aggiungere la busta di ananas e cuocere per 90 minuti. Mettere in acqua fredda.

Taglia la busta di alluminio, elimina le erbe e metti la frutta sui piatti.

Preparare lo zabaione poco prima di servire. Per fare questo, separare le uova e mettere i tuorli nella ciotola di metallo. Aggiungere lo zucchero, il vino e l'amaretto e sbattere a bagnomaria bollente per circa 1 minuto fino a ottenere una crema. Servire con macedonia di frutta.

- **Carota Sous Vide**

Ingredienti per 2 persone

- 6 carote medie
- 3 pizzichi di sale
- 2 cucchiaini di zucchero semolato
- 2 colpi di olio d'oliva

Preparazione

Tempo totale ca. 40 minuti

Riscaldare il bagnomaria a 75 ° C.

Pelare le carote e tagliarle a metà nel senso della lunghezza.

Mettere in un sacchetto di carta stagnola, versarvi sopra l'olio e lo zucchero a velo e mescolare bene nel sacchetto.

Aspirate le carote e mettetele a bagnomaria per 35 minuti.

Terminata la cottura, togli le carote dal bagnomaria e scalda una padella a fuoco alto fino a quando il vapore non sale. Aggiungere le carote, premere leggermente e soffriggere per ca. 2 minuti finché non si vede una buona doratura.

- **Petti di pollo croccanti con insalata**

Ingredienti per 2 persone
Per la carne:
- 1 petto di pollo intero (con la pelle)
- 50 g di burro
- 1 cucchiaino di sale, pepe
- Olio di colza o di girasole (per friggere)

Per l'insalata:
- 2 cuori di lattuga grandi (lattuga romana)

Per il condimento
- 3 acciughe (dal bicchiere)
- 1 spicchio d'aglio
- 5 pizzichi di succo di limone
- 250 g di panna fresca

- 3 cucchiai di olio d'oliva
- 150 g di parmigiano
- 3 pizzichi di pepe nero

Per le fette di pane (crostini)
- 4 fette di ciabatta
- 4 cucchiaini di olio d'oliva
- 1 spicchio d'aglio

Preparazione

Tempo totale ca. 60 minuti

Preriscaldare il bagnomaria a 60 ° C con un bastoncino sous vide.

Salate, pepate e mettete il petto di pollo nella busta di alluminio. Aggiungi il burro.

Sigilla la busta, mettila a bagnomaria, fissala alla padella e cuoci per 60 minuti.

Per il condimento, unire l'aglio, le acciughe, l'olio, la panna fresca e il succo di limone in un mortaio e schiacciare il tutto bene fino a formare una pasta (in alternativa, ovviamente, potete anche utilizzare uno sbattitore a mano o un robot da cucina). Condite con pepe e succo di limone. Non serve sale perché le acciughe danno molto condimento.

Tagliate la lattuga a listarelle sottili e lavatele bene in uno scolapasta con acqua fredda.

Quando il tempo di cottura del petto di pollo è terminato, posizionare la padella sul fuoco e riscaldare al massimo.

Togli il sacchetto di alluminio dal bagnomaria, raccogli la carne e asciugala tamponando con carta da cucina. Quando la padella è cotta al vapore, aggiungere un pizzico di olio di colza o di girasole e mettere gli uccelli nella padella, con la pelle rivolta verso il basso. Premendo delicatamente le strisce della griglia sui salti.

Condire le fette di ciabatta su entrambi i lati con olio d'oliva. Mettere in padella e rosolare brevemente su entrambi i lati.

Aggiungere il condimento all'insalata e incorporarlo. Tagliate il petto di pollo e adagiatelo sull'insalata. Versare il parmigiano sull'insalata. Strofinare i crostini con mezzo spicchio d'aglio e servire con l'insalata.

- **Bistecca di manzo su purè di patate**

Ingredienti per 3 persone
Per la carne:
- 350 g di filetto di manzo
- 30 g di burro
- 2 rametti di rosmarino
- 2 rametti di timo
- 1 spicchio d'aglio tagliato a fettine sottili
- sale

Per i colpi:
- 300 g di patate farinose
- 200 g di patate dolci
- 150 ml di panna montata
- 100 g di burro
- 3 rametti di maggiorana fresca
- 3 rametti di coriandolo fresco

- Sale, pepe, noce moscata
  Per la riduzione:
- 400 ml di vino rosso
- 100 ml di brodo di manzo
- 5 rametti di rosmarino fresco
- 5 rametti di timo fresco
- 1 testa d'aglio
- Sale pepe
- 50 g di burro
- 1 cucchiaino di concentrato di pomodoro
- 2 cucchiai di amido (sciolto in due volte l'acqua)
- 30 g di zucchero
- 2 cucchiai di olio d'oliva

Preparazione
Tempo totale ca. 90 minuti
Preriscaldare il bagnomaria a 54 ° C.
Asciugare la bistecca con carta da cucina e aggiungerla al sacchetto di alluminio con rosmarino, timo, spicchi d'aglio e burro. Massaggia gli ingredienti dall'esterno nella busta in modo che tutto si amalgami bene.
Aspirare la carne, metterla a bagnomaria e cuocere per 90 minuti.
Tagliare il bulbo d'aglio intero nel senso della lunghezza e metterlo con la parte tagliata verso il basso in una casseruola.

Tostare leggermente l'aglio, aggiungere prima l'olio d'oliva, poi il burro, le erbe fresche e il concentrato di pomodoro e soffriggere energicamente per 1 minuto.

Sfumare con il vino, bagnare con il brodo e far bollire a fuoco medio per circa 40 minuti fino a ottenere una riduzione cremosa, mescolando di tanto in tanto.

Pelare e tagliare in quattro le patate per il purè. Mettere in una pentola di acqua fredda e cuocere a fuoco medio fino a renderlo morbido (circa 25 minuti).

Passare la salsa al colino. Posizionare la piastra sul livello più alto, aggiungere lo zucchero e l'amido alla salsa e portare il tutto a ebollizione una volta. Ridurre a fuoco medio e cuocere a fuoco lento per 20 minuti fino a ottenere una crema.

Aggiungere la panna, il burro e le erbe aromatiche tritate alle patate e frullare brevemente. Condire con sale, pepe e noce moscata.

Togliete il sacchetto sottovuoto con la carne dal bagnomaria e tenetelo brevemente sotto l'acqua fredda. Riscalda la padella al massimo. Asciugare la carne, salare e cuocere brevemente alla griglia su entrambi i lati fino a formare una crosta croccante.

- **Salsa olandese**

Ingredienti per 2 persone

150 g di burro
2 tuorli d'uovo
60 ml di acqua
10 ml di aceto di vino bianco
3 g di sale

Preparazione

Tempo totale ca. 30 minuti

Riempi d'acqua la vasca della pentola sottovuoto e scalda a 75 ° C.

Sciogliere il burro e riempirlo con il tuorlo d'uovo, l'acqua, il succo di limone, l'aceto di vino bianco e il sale in un sacchetto sottovuoto.

Metti il sacchetto nella macchina per sottovuoto e accendilo. Tieni d'occhio la massa delle uova: devi solo aspirare un po 'd'aria dal sacchetto. Se aspiri troppo liquido, si rovescia nella macchina per sottovuoto. Quindi sigilla il sacchetto.

Mettere la busta nel fornello sottovuoto e lasciarla riposare per 30 minuti a bagnomaria.

Tagliate la busta e riempite la pasta nel sifone. Avvitare il sifone, inserire le cartucce di N2O e agitare energicamente. Versare la salsa olandese dal sifone sui piatti.

- **Maiale stirato - cotto sottovuoto**

Ingredienti per 4 persone
Per il mix di spezie:
- 1 cucchiaio di paprika in polvere
- 1 cucchiaio di zucchero di canna
- 1 cucchiaino di sale
- 3 semi di senape
- 1 pizzico di pepe nero
- 2 pizzichi di aglio in polvere
- 1 pizzico di origano
- 1/2 cucchiaino di semi di coriandolo
- 1 pizzico di peperoncino in scaglie

Per il maiale stirato

- 700 g di spalla di maiale
  Miscela di spezie:
- 500 g di patatine fritte
- Salsa barbecue
- 3 erba cipollina

Preparazione
Tempo totale ca. 15 ore
Per il mix di spezie, mescolare bene tutti gli ingredienti.
Riempire la pentola sottovuoto con acqua e riscaldare a 74 ° C. Strofinare la carne con metà del composto di spezie su tutti i lati. Mettere in un sacchetto sottovuoto e aspirare.
Mettere la carne a bagnomaria e cuocere per circa 16 ore.
Preriscaldate il forno a 150 ° C. Togliete la carne dal sacchetto sottovuoto e asciugatela con carta da cucina. Strofina con il resto della miscela di spezie. Cuocere in forno per circa 3 ore. Non appena il termometro per arrosti segna 92 ° C, rimuovere l'arrosto e lasciarlo riposare per altri 20 minuti.
Friggere le patatine fritte secondo le istruzioni riportate sulla confezione, sgrassarle su carta da cucina e condire con sale e paprika in polvere.
Metti la carne su una tavola. Tagliare a pezzetti con 2 forchette grandi. Aggiungere la salsa barbecue e mescolare fino a quando tutto è ben bagnato con la salsa. Condite con sale. Tagliate a rondelle l'erba cipollina.
Servire il maiale stirato con patatine fritte, scalogno e salsa barbecue.

- **Salmone con purea di carote e piselli**

Ingredienti per 4 persone
Per il salmone:
- 350 g di filetto di salmone (con la pelle)
- 1 pezzo di zenzero (circa 5 cm ciascuno)
- 2 cucchiai di olio d'oliva
- Per le carote
- 6 carote medie
- 3 pizzichi di sale
- 2 cucchiaini di zucchero semolato
- 3 cucchiai di olio d'oliva
  Per i piselli
- 250 g di piselli (congelatore)
- 100 ml di brodo di pesce (o brodo vegetale)
- 2 bicchieri di vino bianco
- 1 spicchio d'aglio
- 1/2 cipolla rossa
- 1 filo d'olio d'oliva
- 2 pizzichi di succo di limone

- 1 lime (la scorza)
- 1 manciata di coriandolo fresco
- 1 manciata di menta fresca
- Sale pepe

Preparazione

Tempo totale ca. 175 minuti

Preriscaldare il bagnomaria a 83 ° C.

Pelare le carote e tagliarle a metà nel senso della lunghezza. Mettere in un sacchetto di alluminio con un filo d'olio, sale e zucchero a velo e sottovuoto.

Mettere a bagnomaria calda e cuocere per 2 ore.

Tagliare lo zenzero a fettine sottili per il pesce (non serve sbucciarlo), asciugare il salmone tamponando, strofinare con olio d'oliva e sale. Aspirare tutto insieme in un sacchetto di alluminio e metterlo in frigorifero.

Tritate finemente la cipolla e l'aglio per la purea di piselli, grattugiate la scorza di lime e tritate le erbe aromatiche.

Scaldare un filo d'olio in una casseruola. Cuocere le cipolle e l'aglio fino a renderle trasparenti a fuoco medio per circa 4 minuti. Sfumare con il brodo e il vino bianco e cuocere a fuoco lento per 10 minuti.

Trascorso il tempo di cottura, togliete le carote dall'acqua, conservatele e regolate il bagnomaria a 55 ° C aggiungendo acqua fredda.

Togli il salmone dal frigo e mettilo a bagnomaria per 45 minuti.

Togliete la pentola con il brodo dal fuoco, aggiungete i piselli surgelati e chiudete il coperchio (i piselli devono solo scongelare. Se cuocete a lungo in pentola, perdono velocemente il loro colore e diventano grigio brunastri).

Accendi il piano cottura e posizionaci sopra la padella in ghisa.

La padella inizia a fumare, togli il salmone dal sacchetto, togli lo zenzero e friggi il pesce fino a renderlo croccante nella padella calda dal lato della pelle. Togliete le carote dal sacchetto e fatele rosolare bene insieme al pesce. Per il motivo grigliato, gira il salmone di 90 gradi dopo 45 secondi.

Aggiungere le erbe, il succo e la scorza di limone, il burro, il sale e il pepe ai piselli e schiacciarli con uno sbattitore a mano.

Mettere la purea di piselli al centro di un piatto, guarnire con il salmone e adagiare le carote a lato.

- **Asparagi verdi**

Ingredienti per 4 persone
- 450 g di asparagi
- 2 pizzichi di paprika in polvere
- 1/2 cucchiaio di aglio in scaglie
- 1 cucchiaino di sale marino grosso
- 2 cucchiai di burro
- 1 lime

Preparazione

Tempo totale ca. 60 minuti

Riempi d'acqua la pentola sottovuoto e portala a 57 ° C. Taglia il lime a spicchi. Tagliare circa 1-2 cm dalle punte degli asparagi e pelare il terzo inferiore. Mettere gli asparagi con il resto degli ingredienti in un sacchetto sottovuoto e sottovuoto.

Mettere gli asparagi a bagnomaria e cuocere per 1 ora. Taglia la busta e servi come contorno, ad esempio, con bistecca di manzo o petto di pollo.

- **Uovo in camicia con frittelle**

Ingredienti per 4 persone
Per le frittelle di verdure:
- 130 g di farina
- 1/2 cucchiaino di bicarbonato di sodio
- 2 pizzichi di pepe nero
- 1 pizzico di pepe di Caienna
- 60 g di cavolfiore
- 60 g di broccoli
- 1/2 mazzetto di prezzemolo
- 2 erba cipollina
- 100 g di formaggio cheddar
- 1 uovo
- 230 ml di latte

- 2 cucchiai di olio d'oliva
- sale

Per le uova in camicia
- 4 uova

Preparazione

Tempo totale ca. 45 minuti

Riempire la pentola sottovuoto con acqua e preriscaldare a 75 ° C. Aggiungere le uova e cuocere per 16 minuti.

Mescolare la farina con il bicarbonato di sodio, il sale, il pepe nero e il pepe di Caienna.

Tagliate a rondelle l'erba cipollina. Tritate finemente il cavolfiore, i broccoli e il prezzemolo. Mescolare con l'erba cipollina, l'uovo, il latte e il formaggio cheddar. Aggiungere poco a poco il composto di farina.

Riscaldare l'olio d'oliva in una padella. Mettere 1-2 cucchiai di pastella nella padella e distribuire leggermente. Cuocere le frittelle a fuoco medio fino a dorarle sul fondo. Rotazione e gocciolamento su carta da cucina. Fai lo stesso con il resto dell'impasto.

Distribuire le frittelle di verdure su un piatto. Togli le uova dal fornello sottovuoto e sbattile delicatamente. Far scorrere le uova in camicia sui pancake e servire.

- **Asparagi sottovuoto**

Ingredienti per 4 persone
- 500 g di asparagi bianchi
- 0,5 cucchiaini di zucchero
- 0,5 cucchiaini di sale
- 1 stk. Scorza di limone
- 30 g di burro

Preparazione

Tempo totale ca. 35 minuti

Pelate gli asparagi bianchi, eliminate la parte legnosa e metteteli nel sacchetto sottovuoto.

Grattugiate la buccia del limone biologico non trattato con una grattugia e aggiungetela al sacchetto insieme al burro, allo zucchero e al sale.

Ora rimuovere l'aria dal sacchetto con un aspirapolvere e sigillare il sacchetto.

Il sacchetto sigillato viene ora inserito nella vaporiera o in un aspirapolvere per ca. 30 minuti a 85 gradi.

Togliere gli asparagi finiti dal sacchetto e servire con patate lesse e salsa olandese.

- **Costine di maiale sottovuoto**

Ingredienti per 2 persone
- 2 kg di costine

Ingredienti per la marinata
- 1 cucchiaino di paprika
- 1 cucchiaino di cumino, macinato
- 1 cucchiaino di peperoncino in polvere o sale piccante
- 1 cucchiaino di origano
- 1 pepe nero macinato
- 1 sale
- 1 cucchiaino di aglio in polvere
- 1 bicchierino di succo di limone
- 5 cucchiai di salsa barbecue

Preparazione

Tempo totale ca. 315 minuti

Per le costolette sottovuoto, prepara prima una ricca marinata. Unisci la paprika in polvere, il cumino, il peperoncino in polvere, l'origano, il pepe, il sale, l'aglio in polvere e il succo di limone con la salsa barbecue in una ciotola.

Strofina bene le costine con questa marinata e adagia le costine una accanto all'altra nel sacchetto sottovuoto e sottovuoto.

Ora cuocere le costine di maiale per 5 ore buone a 80 gradi in un dispositivo sottovuoto o in una vaporiera.

Quindi sciacquare subito le costine di maiale sotto l'acqua fredda, togliere la carne dal sacchetto e metterla sulla griglia calda, per circa 8-12 minuti. Se lo desideri, puoi ricoprire le costine con un po 'di salsa barbecue dopo averle grigliate, ma non è necessario.

- **Bastoncini di carote sottovuoto**

Ingredienti per 4 persone
- 400 g di carote
- 1 cucchiaio. burro
- 1 cucchiaino di zenzero grattugiato
- 1 cucchiaino di semi di finocchio, interi

Preparazione

Tempo totale ca. 65 minuti

Lavate le carote, mondatele, pelatele con un pelapatate e tagliatele a bastoncini allungati.

Ora metti i bastoncini di carota uno accanto all'altro in un sacchetto sottovuoto. Mettete lo zenzero grattugiato ei semi di finocchio nel sacchetto con le carote e passateli con l'aspirapolvere.

Ora metti la busta nel dispositivo sous vide o nella vaporiera e cuoci per 60 minuti a 80 gradi.

Quindi raffreddare la busta in acqua ghiacciata (o acqua fredda), togliere le carote dalla busta e mantecarle brevemente in un po 'di burro in una padella.

- **Filetto di maiale sottovuoto**

Ingredienti per 4 persone
- 600 g di filetto di maiale / maiale
- 1 goccio d'olio per la padella
- 1 sale
- 1 peperone

100 min. Tempo totale

Preparazione

Tempo totale ca. 100 minuti

Per il filetto di maiale sottovuoto, lavare prima la carne e asciugare tamponando con un canovaccio da cucina.

Ora con un coltello affilato eliminare i resti di grasso e la pelle argentata dalla carne e tagliarla a fette di qualsiasi dimensione (circa 3-4 cm) di spessore; naturalmente puoi anche cucinare l'intero pezzo.

Ora i pezzi di carne entrano nel sacco sottovuoto e l'aria viene aspirata e saldata con l'ausilio di un aspirapolvere.

Il sacchetto saldato viene quindi posto nel dispositivo di cottura a vapore o sottovuoto per ca. 60 minuti a 63 gradi (= media) o 67 gradi.

Dopo una cottura delicata, togliete di nuovo la busta, tagliatela con un coltello o con le forbici, tamponate leggermente la carne con carta da cucina e condite con sale e pepe.

Infine si scalda un pizzico d'olio in una padella e la carne è piccante su tutti i lati e solo brevemente scottata; Importante, l'olio deve essere molto caldo.

- **Purè di patate sottovuoto**

Ingredienti per 4 persone
- 1 kg di patate cotte con farina
- 250 ml di latte
- 30 g di burro
- sale
- Noce moscata

Preparazione

Tempo totale ca. 100 minuti

Per il purè di patate, prima lavate e pelate le patate. Quindi passare l'aspirapolvere e sigillare le patate in un sacchetto sottovuoto.

Il sacchetto di patate viene posto nel piroscafo o nell'aspirapolvere per 90 minuti a 85 gradi.

Quindi tirare fuori le patate dal sacchetto e schiacciarle in una casseruola e scaldarle a fuoco basso.

Scaldare il latte insieme al burro in un'altra ciotola e mescolare con il composto di patate con una frusta. Condire il purè di patate con sale e un pizzico di noce moscata.

- **Zucca di Hokkaido sous vide**

Ingredienti per 2 persone
- 1 stk di zucca Hokkaido (400 grammi)
- sale
- Pepe
- 1 cucchiaino di burro
- 1 cucchiaino di burro per la padella
- Zenzero grattugiato
- 1 bicchierino di succo di mela

Preparazione

Tempo totale ca. 25 minuti

Lavate bene la zucca Hokkaido, tagliatela a metà e con un cucchiaio togliete la polpa con i semi; non buttatelo via, i semi possono essere essiccati e usati per decorare vari piatti.

Ora tagliate la zucca (compresa la buccia) a cubetti e aggiungetela insieme allo zenzero, il burro, il sale, il pepe e un pizzico di succo di mela nel sacchetto sottovuoto e aspiratela; assicurarsi che nessun liquido penetri nella saldatura. cuciture della borsa.

Ora cuocete i pezzi di zucca in un sacchetto a 80 gradi per 20 minuti in una pentola sottovuoto o al vapore.

Terminata la cottura, estrarre il sacchetto, aprirlo e friggere brevemente i pezzi di zucca in una padella con un po 'di burro.

- **Medaglioni di maiale sottovuoto**

Ingredienti per 4 persone
- 800 g di filetti di maiale
- sale
- Pepe
- Olio per la padella

Preparazione

Tempo totale ca. 75 minuti

Per i medaglioni di maiale sottovuoto, lavare prima la carne, asciugarla e tagliarla a fette di ca. 3-4 cm.

A questo punto condire i pezzi di carne con sale e pepe, metterli in un sacchetto sottovuoto e togliere l'aria con l'aiuto del dispositivo sottovuoto e sigillare il sacchetto.

Insaccare a 63 gradi per circa 60 minuti nel piroscafo o nel dispositivo sottovuoto.

Quindi tagliate la busta, togliete la carne e fatela rosolare in padella con olio su tutti i lati; l'olio deve essere molto caldo e la carne deve bruciare molto brevemente.

- **Salmone sottovuoto**

Ingredienti per 4 persone
- 4 filetti di salmone, senza pelle
- Sale marino
- Pepe nero in grani
- 1 bicchierino di succo di limone
- 2 gambi di aneto, tritati
- 2 rametti di timo, tritati
- 2 cucchiai. olio d'oliva

Preparazione
Tempo totale ca. 40 minuti

Lavate prima i filetti di salmone (circa 180 grammi l'uno - 3 cm di spessore), asciugateli con carta da cucina e eliminate le lische.

Ora fate una marinata con olio d'oliva, i gambi di aneto tagliati, sale, pepe, succo di limone e tagliate i rametti di timo e strofinate con esso i filetti di pesce.

Quindi mettere le bistecche (compresa la marinata) in un sacchetto sottovuoto, non metterle una accanto all'altra, aspirare e cuocere i sacchetti per 30 minuti a 52 gradi in un dispositivo sous vide o in una pentola a vapore.

Terminata la cottura, togliete i filetti di pesce dal sacchetto e servite; un contorno è un gratin di patate o patate lesse.

- **Petto d'anatra in salsa all'arancia**

Ingredienti per 4 persone
1. 4 stk petti d'anatra
2. 1 premio di sale
3. 1 cucchiaio. Burro per la padella
4. Ingredienti per la salsa all'arancia
5. 1 arancia
6. 1 spicchio d'aglio
7. 1 cucchiaio. Burro per la padella
8. 1 premio di sale

Preparazione

Tempo totale ca. 40 minuti

Lavare i pezzi di carne di petto d'anatra e asciugarli tamponando. Quindi, libera la carne da tendini, pelle e grasso indesiderati (questi pezzi possono essere usati per preparare la zuppa) e taglia il lato della pelle.

Ora mettete i pezzi di carne uno accanto all'altro nel sacchetto sottovuoto e sigillate il sacchetto sottovuoto.

Cuocere la busta a 66 gradi (= media) o 72 gradi (= piena) per 35 minuti.

Quindi togliete la carne dal sacchetto (raccogliete il succo di cottura) e fatela soffriggere in una padella calda con il burro su entrambi i lati, un po 'di più dal lato della pelle.

Aprire l'arancia per la salsa all'arancia e togliere la polpa dalla pelle. Tagliare a pezzettini le arance, raccogliere il succo e far appassire insieme ai pezzetti d'arancia e allo spicchio d'aglio in una padella con un po 'di burro.

Mescolate ora il succo di cottura del sacchetto sottovuoto e fatelo bollire brevemente, condite con un pizzico di sale.

- **Millefoglie di mele con salsa ai frutti rossi**

Ingredienti per 4 persone
- 300 g di pasta sfoglia
- 300 g di bacche
- 60 g di zucchero di canna
- 1 mazzetto di menta
- 50 millilitri di rum
- 500 g di mele Golden Delicious
- 70 g di zucchero semolato
- 50 g di pinoli
- 50 g di uvetta sultanina
- 1 baccello di vaniglia
- 50 g di zucchero a velo

Preparazione

Tempo totale ca. 3 ore 5 minuti

Riempire il bagnomaria e preriscaldarlo a 65 ° C.

Mescolare ¾ dei frutti di bosco con lo zucchero di canna, aggiungere metà della menta e del rum e unire il tutto in un sacchetto sottovuoto, sigillare bene e cuocere per 15 minuti a 65 ° C. Lasciare raffreddare, mescolare bene e filtrare.

Ora riempire nuovamente un bagnomaria e preriscaldarlo a 60 ° C.

Pelate le mele e privatele del torsolo, tagliatele a spicchi e mettetele in un sacchetto sottovuoto insieme allo zucchero a velo, i pinoli, l'uvetta e la vaniglia. Chiudere bene la busta e immergerla completamente in un bagnomaria sottovuoto e poi cuocere per 12 minuti a 60 ° C. Lasciare raffreddare bene.

Stendete la pasta sfoglia e tagliate fette di 10 cm. Adagiatela poi su una teglia e infornatela a 180 ° C per 6 minuti in forno.

Terminata la cottura, tagliare a metà le fette di pasta sfoglia, farcire con la mela e adagiarle sui piatti da portata. Infine, spolverare con un po 'di salsa ai frutti rossi e la menta rimasta.

- **Millefoglie di mele con mousse**

Ingredienti per 4 persone
Mela sottovuoto:
- 400 g di mele Golden Delicious
- 80 g di zucchero semolato
- 1 baccello di vaniglia
- Mousse sottovuoto:
- 3 decilitri di latte
- 3 decilitri di panna
- 1 stecca di cannella
- 6 tuorli d'uovo
- 90 grammi di zucchero semolato
Sfoglia:
- 400 g di pasta sfoglia
- Contorno:
- pignoni

- uva passa

Preparazione

Tempo totale ca. 27 minuti

Mela sottovuoto:

Pelare le mele e privarle del torsolo, quindi tagliarle a spicchi e metterle in un sacchetto sottovuoto con lo zucchero semolato e la vaniglia. Quando il sacchetto è ben chiuso, immergerlo completamente nel bagnomaria e cuocere per 12 minuti a 60 ° C sotto vuoto fino al termine.

Quindi lasciate raffreddare bene.

Mousse sottovuoto:

Sbattete bene i tuorli con lo zucchero e aggiungete la panna e il latte. Mettete questo composto insieme alla cannella in un sacchetto sottovuoto. Sigilla bene il sacchetto e immergilo nel bagnomaria sous vide.

Quindi lasciate cuocere per 15 minuti a 92 ° C sotto vuoto.

Quindi lascia raffreddare il composto. Passatela al colino e versate la panna in un sifone con cartuccia a gas. Conservalo in frigorifero.

Sfoglia:

Stendete la pasta sfoglia e tagliate fette di 10 cm. Adagiatela poi su una teglia e infornatela a 190 ° C per 20 minuti in forno.

Contorno:

Disporre la pasta sfoglia sui piatti da portata; unite le mele e terminate con la crema alla cannella, i pinoli e l'uvetta.

- **Salmone sottovuoto con aneto**

Ingredienti per 4 persone

Salmone sottovuoto:

- 400 grammi di filetto di salmone senza lische né pelle
- 40 millilitri di olio di colza o di girasole
- La scorza di 1 limone
- sale

Cetriolo:

- 2 cetrioli
- 1 mazzetto di aneto
- La scorza e il succo di 1 lime.
- 2 cucchiai di olio di colza
- sale
- zucchero

Preparazione

Tempo totale ca. 18 minuti

Salmone sottovuoto:

Tagliate il salmone in quattro pezzi uguali e passatelo insieme agli altri ingredienti in un sacchetto sottovuoto.

Cuocere i pezzi di salmone per 18 minuti a 56 °C a bagnomaria sottovuoto, aggiustare di sale e disporre ogni pezzo su un piatto con l'insalata di cetrioli.

Cetriolo:

Pelare i cetrioli, tagliarli a metà e tagliarli a fette a forma di falce. Mettete questo insieme a sale, zucchero e scorza di limone in un sacchetto sottovuoto e sottovuoto. Lasciate marinare in frigorifero per 2 ore.

Tritare finemente l'aneto e fare una vinaigrette con il succo di lime e l'olio.

Marinare i cetrioli con la vinaigrette e condire con l'aneto.

- **Involtino di vitello con salsa di cipolle**

Ingredienti per 1 porzione
- 4 fette di vitello, ad esempio, il coperchio in alto è molto adatto per fare involtini.
- 4 cucchiai di senape media
- 2 sottaceti grandi
- 1 cucchiaio di pancetta
- 1 cipolla media, tritata finemente
- 1 cucchiaino di foglie di maggiorana fresca
- Un po 'di aceto balsamico
- sale
- 300 millilitri di salsa

Preparazione
Tempo totale ca. 2 ore
Appiattire le fette di roscón, spennellare con senape e cospargere con un po 'di sale.
Mettere i cubetti di pancetta in una padella e friggerli insieme alle cipolle.
Aggiungere le foglie di maggiorana e acidificare leggermente il tutto con un po 'di aceto.
Lasciate raffreddare questo composto e mettetelo sul fondo del rotolo.
Tagliate i sottaceti a fettine e adagiateli sopra le cipolle.
Piega leggermente i lati e arrotolali saldamente.
Aspirare le porzioni insieme alla salsa e cuocere per 2 ore a 65 ° C a bagnomaria sotto vuoto.
Togliete il rotolo dal sacchetto e servitelo con la salsa.
Legare la salsa se necessario.

- **Mojito infuso sottovuoto**

Ingredienti per 2 persone
- 750 ml di rum
- 4 gambi di citronella medi - leggermente ammaccati (usa un martello da cucina)
- 4 foglie di lime kaffir
- Scorza di 1 lime
- Succo di 1 lime
- 3 rametti medi di foglie di menta fresca
- Acqua di seltz

Preparazione

Tempo totale ca. 4 ore

Preriscaldare il bagnomaria sottovuoto a 57 ° C.

Mettere tutti gli ingredienti in un sacchetto sottovuoto e sigillare completamente, eliminando quanta più aria possibile. Immergere a bagnomaria sottovuoto e cuocere per 4 ore.

Togliere dall'acqua e raffreddare completamente. Meglio se refrigerato.

- **Controfiletto con sous vide**

Ingredienti per 4 persone
- 500 grammi di filetto neozelandese
- 3 cucchiai di olio di arachidi
- 1 cucchiaino di olio extravergine di oliva
- 750 millilitri di vino rosso
- 3 bottiglie di porto
- 750 millilitri di brodo di carne
- 200 grammi di fegato d'oca
- 200 grammi di fegato di pollo
- Sale e pepe
- 100 grammi di piselli, freschi o congelati
- 50 millilitri di brodo di carne
- 1 carota
- 50 grammi di tartufo nero
- 50 millilitri di champagne
- 150 grammi di cipolla perlata
- 5 bacche di ginepro

Metodo di preparazione

Tempo totale ca. 60 minuti

Versate 750ml di vino rosso, porto e brodo di carne in una casseruola in cui potete fare una salsa e lasciate cuocere a fuoco lento fino a ottenere una consistenza sciropposa.

Preparare la crema di fegato rosolando separatamente il foie gras e il fegato di pollo. Non restare con il grasso. Condite con sale e pepe e tagliate a cubetti.

Portate a ebollizione 750 ml di brodo a circa 100 ml e poi aggiungete i dadini di fegato. Frullare il composto e metterlo in un colino fine per ottenere una crema fine e liscia.

Preparare la purea di piselli sbollentando brevemente i piselli freschi in acqua bollente salata; se usi i piselli surgelati, lasciali scongelare prima. Frullare i piselli con il brodo di manzo e condire con sale e pepe.

Tagliate la carota a listarelle sottili con un pelapatate. Sbollentateli brevemente in acqua bollente salata e spaventateli con acqua ghiacciata. Fare dei piccoli involtini e disporli su un piatto. Infornate a bassa temperatura per mantenerle calde.

Cuocere i tartufi per circa un'ora in una padella sigillata in 50 ml di champagne e 50 ml di porto. Quindi toglieteli dall'infuso e tagliateli a cubetti.

Pelate la cipolla perlata e fatela soffriggere in una padella con un filo di olio di arachidi. Sfumare con 500ml di porto, aggiungere tre bacche di ginepro e far bollire per circa 5 minuti. Lasciar cuocere per altri 20 minuti con il coperchio sulla padella.

Salare un po 'il filetto e spennellare con olio d'oliva. Aspirare la carne insieme a due bacche di ginepro in un sacchetto sottovuoto. Mettere la carne a bagnomaria sotto vuoto a 60 ° C per 1 ora.

Quindi togliete la carne dal sacchetto, asciugatela e fatela soffriggere brevemente in una padella con un filo di olio di arachidi su entrambi i lati in alto. Mescolare il succo di carne con l'erba cipollina marinata.

Tagliate la bistecca di manzo in diagonale e dividetela in quattro piatti. Aggiungere un cucchiaio di purea di piselli e la crema di fegato. Disporre gli involtini di carote e le cipolline sul piatto. Versare la salsa su tutto il piatto e buon appetito!

- **Broccolo romanesco sous vide**

Ingredienti per 4 persone
- 700 grammi di broccolo romanesco (circa 450 grammi rimasti puliti)
- 20 grammi di burro salato a cubetti
- 1 pizzico di noce moscata

Metodo di preparazione
Tempo totale ca. 60 minuti

Tagliate i broccoli romanesco a piccole cimette, mondateli, lavateli bene e asciugateli bene. Sbollentateli brevemente in acqua salata e poi spaventateli con acqua ghiacciata.

Disporre le verdure una accanto all'altra in un sacchetto resistente al bollore, spolverare sopra la noce moscata, aggiungere il burro salato e spalmare bene il tutto sui broccoli romanesco.

Vuoto e cuocere le verdure per 60 minuti a 80 ° C a bagnomaria sottovuoto.

Quindi friggerlo con acqua ghiacciata. Per servire, riscaldare i broccoli nella busta, quindi rosolare le cimette in una padella.

- **Hamburger vegetariani di sedano rapa**

Ingredienti per 1 porzione
- 4 fette di sedano Sous Vide sedano
- 1 cipolla rossa
- 1 pomodoro di manzo
- 4 fette di formaggio cheddar
- 4 panini (hamburger)
- 2 sottaceti
- ketchup
- 100 grammi di lattuga iceberg
- Maionese al curry (da 100 ml di maionese, 1 cucchiaino di curry in polvere e 1 cucchiaino di sciroppo di zenzero)

Preparazione

Tempo totale ca. 15 minuti

Grigliare le fette di sedano rapa per 4 minuti per lato nella padella.

Preriscalda il forno a 180 ° C

Tagliate a rondelle la cipolla rossa e affettate il pomodoro.

Disporre le fette di sedano rapa su una teglia da forno e adagiare una fetta di pomodoro su ogni fetta

Completare con alcuni anelli di cipolla rossa e una fetta di formaggio cheddar. Mettere nel forno preriscaldato per 3 minuti.

Tagliare i panini a metà e grigliare brevemente sulla griglia o sulla griglia. Coprite le metà con la salsa di pomodoro.

Togliere le polpette di sedano rapa dal forno e disporle sulle metà inferiori del panino. Tagliare il sottaceto a fette lunghe e posizionare una fetta sopra ogni tortino.

Mescolare la maionese al curry con la lattuga iceberg tritata finemente e adagiarla sopra gli hamburger. Coprite con il resto delle metà del pane.

- **Ananas infuso**

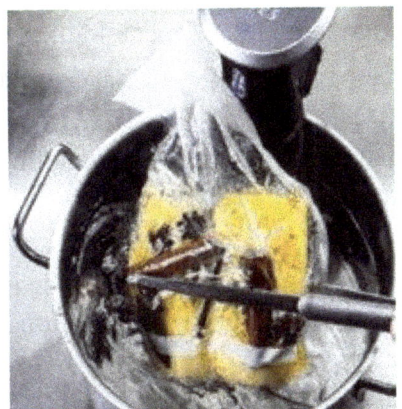

Ingredienti per 1 porzione
1. ½ ananas
2. Una noce di burro
3. 1 stecca di cannella
4. ¼ baccello di vaniglia
5. 4 baccelli di cardamomo
6. 2 anice stellato
7. Un pizzico di rum marrone

Preparazione

Pulisci l'ananas tagliando la pelle e il nocciolo duro.

Tagliare a fette spesse e metterle in un sacchetto sottovuoto.

Mettere sopra le spezie e il burro di noci e aggiungere un goccio di rum marrone.

Aspirare l'ananas.

Mettere il sous-video stick in una pentola con acqua e metterlo a 82,5 ° C e aggiungere l'ananas quando l'acqua sarà a temperatura.

Lascia cuocere l'ananas per 5 minuti.

Togliete dal sacchetto e servite subito a vostra discrezione, in modo che il "burro al rum" possa essere versato con un cucchiaio sull'ananas o immediatamente raffreddato l'ananas in acqua ghiacciata e conservato per un secondo momento.

- **Guancia di manzo con cavolo cappuccio**

Ingredienti per 4 persone
- 4 guance di vitello
- Strofina orientale
- Timo fresco (limone)
- Rosmarino e salvia
- 8 spicchi d'aglio (schiacciati)
- Burro chiarificato o grasso d'oca
- Pepe bianco (macinato fresco)
- Farina, 8 patate novelle (lavate e tagliate a metà)
- 1 cavolo verde piccolo
- ½ busta di castagne precotte
- 1 cucchiaino di semi di cumino (schiacciati)
- 1 bottiglia di birra di frumento
- 125 ml di brodo vegetale o di pollo
- Composta di mirtilli rossi (barattolo)

Preparazione

Spennellare le quattro guance di vitello con olio d'oliva, coprire con il condimento orientale e spolverare con un po 'di pepe macinato fresco e sale.

Metti ogni guancia di vitello nel suo sacchetto sottovuoto con timo fresco, salvia, rosmarino, aglio schiacciato e un pizzico generoso di olio d'oliva delicato. Aspirare la carne.

Riscaldare la pentola sottovuoto a 80 ° C.Quando il dispositivo ha raggiunto la temperatura corretta, posizionare i sacchetti sottovuoto nel supporto. Nota: le borse devono essere appese sott'acqua.

Togliere i sacchetti dalla pentola dopo 6 - 8 ore (a seconda dello spessore della carne dopo averli passati sottovuoto) e raffreddarli immediatamente in acqua ghiacciata.

Rimuovere la carne dai sacchetti e rimuovere le erbe e l'aglio. Tagliate le guance di vitello in 3 pezzi ciascuna. Cospargere la carne con sale e pepe bianco appena macinato. Piega leggermente la carne su entrambi i lati attraverso la farina.

Rosolare la carne a fuoco vivo in un po 'di burro chiarificato o grasso d'oca e grigliarla fino a renderla croccante in circa 4 minuti. Lascia riposare la carne in un luogo caldo.

Lessate le patate novelle per circa 10 minuti in acqua con poco sale.

Nel frattempo tagliate a metà la verza e spezzettate le foglie. Cuocere le castagne per 5 minuti a fuoco medio in poco burro. Aggiungere i semi di cumino e il cavolo. Tira fuori un paio di volte. Sfumare le castagne con la birra bianca e aggiungere il brodo. Porta tutto a ebollizione e poi abbassa completamente la fiamma.

Cuocere il cavolo cappuccio con un coperchio nella padella in circa 7 minuti.

Rosolare le patate in un po 'di burro per circa 5 minuti.

Taglia la carne. Dividere la verza in 4 ciotole preriscaldate, adagiarvi sopra le guance di vitello e cospargere di castagne e patate novelle. Versare qua e là un po 'di composta di mirtilli rossi sul piatto.

- **Tournedos Rossini**

Ingredienti per 2 persone
Fegato d'anatra:
- 200 g di fegato d'anatra
- 1/2 bicchiere di cocktail vieux
- Zucchero a velo

Controfiletto e salsa:
- 4 pezzi di controfiletto
- (120/140 g) olio e burro
- 1 dl di Madeira
- 75 g di tapenade al tartufo
- 3 dl di brodo di carne

Pane Brioche:
- 4 fette spesse di pane brioche (2 cm)
- 1 spicchio d'aglio
- Petrolio
- Patate e asparagi:
- 500 g di patate tenere, con la buccia
- 12 asparagi verdi

Preparazione

Preparazione del fegato d'anatra:

Lascia che il fegato d'anatra si riscaldi e risciacqua le vene ei vasi sanguigni.

Metti il fegato d'anatra in una ciotola capiente. Aggiungere il vieux e mescolare bene. Condisci con pepe, sale e un pizzico di zucchero a velo (assicurati che non diventi troppo dolce).

Versate il tutto in una pirofila adatta e lasciate riposare in frigorifero per circa 2 ore.

Preparazione Controfiletto e salsa:

Rosolare brevemente il controfiletto in olio bollente. Quindi lascia raffreddare un po 'la padella.

Aspirare la carne.

Cuocere la carne sottovuoto per 4 ore a 56°C.

Sfumare il brodo con il Madeira, la tapenade al tartufo e il brodo di carne.

Ridurre a 1/3 e condire a piacere.

Preparazione del pane brioche:

Tagliare il pane brioche a fette larghe.

Tritare molto brevemente l'aglio e le verdure nell'olio.

Cospargere il pane con l'olio all'aglio e metterlo croccante in forno a 180 ° C.

Preparazione di patate e asparagi:

Lavate bene le patate. Tagliarli a metà, cuocerli al dente e raffreddarli.

Sbollentare gli asparagi in acqua bollente salata e raffreddarli nuovamente in acqua ghiacciata.

- **Gratin gratinato**

ingredienti
- 800 grammi di salsefrica
- 2 cucchiai. panko
- 2 cucchiai. pignoni
- 4 rametti di timo al limone
- 50 grammi di pecorino

Metodo di preparazione

Preriscaldare il forno con grill a 190 ° C.

Disporre le salsefrica una accanto all'altra in una pirofila unta o su una teglia unta.

Rimuovere il timo limone dai rametti e cospargere con la salsefrica.

Condire generosamente con pepe macinato fresco e un po 'di sale e spolverare con pinoli e panko.

Grattugiare sopra il pecorino e ungere nel forno preriscaldato fino a quando il panko è croccante e il formaggio si è colorato e sciolto.

- **Pollo con broccoli e salsa al formaggio**

Ingredienti per 4 persone
- 4 filetti di pollo
- 1 broccolo
- 3 scalogni
- 10 pezzi di funghi
- 40 g di burro
- 5 g di sale
- 2 spicchi d'aglio
- 100 g di vino bianco
- 350 grammi di panna montata
- 100 grammi di formaggio Gouda

Preparazione

Tempo totale ca. 1 ora e 30 minuti

Riscaldare il bagno sottovuoto a 65 gradi. Mettete il filetto di pollo in un sacchetto sottovuoto con un generoso pizzico di olio d'oliva e un pizzico di sale. Una volta che il bagnomaria è a temperatura, inserire il pollo e impostare il timer per 1 ora.

Affettare le cimette di broccoli e tagliare il gambo dei broccoli a pezzetti. Tagliate lo scalogno a pezzi e tritatelo con il gambo di broccoli in un robot da cucina.

Mondare i funghi (se necessario) e tagliarli in quarti.

Sciogliere il burro in una padella. Aggiungere il sale, l'aglio tritato finemente e il composto di broccoli e cipolla e rosolare per 5 minuti. Aggiungere il vino e lasciarlo ridurre fino a quando non sarà rimasta quasi l'umidità nella padella. Quindi aggiungere la panna montata e il formaggio e mescolare bene fino a creare una struttura simile alla fonduta.

Aggiungere i broccoli e i funghi e lasciarli cuocere lentamente per circa 15 minuti. Mescola regolarmente o la salsa cuocerà.

Dopo un'ora, togliere il pollo dal bagno sous vide e asciugarlo tamponando con carta da cucina. Quindi scaldare una padella e friggere il pollo su entrambi i lati per una bella copertura marrone. Servite subito

Unisci il pollo alla salsa di broccoli e formaggio. Buon Appetito!

- **Purè di patate a 72 gradi**

Ingredienti per 6 persone
- 1 chilo di patate
- 250 grammi di burro
- 150 grammi di latte

Preparazione

Tempo totale ca. 90 minuti

Pelare le patate. Quando i segnalatori acustici sono fuori dalla giacca, tagliarli in parti uguali dello spessore di circa 1 centimetro; in questo modo si cuociono tutte le patate contemporaneamente. Salva le conchiglie.

E come ultimo passaggio nella preparazione, lava a lungo le tue patate! Quando si taglia la patata, le pareti cellulari della patata vengono rotte, in modo che l'amido venga rilasciato sulla superficie tagliata. Se cuocessi subito le patate, tutto questo amido finirebbe nel liquido di cottura, il che non migliora il purè. Risciacqua bene le patate per qualche minuto, così tutto l'amido è sparito dal tuo lavandino.

Se metti le patate lavate in acqua bollente, le pareti cellulari scoppieranno e perderai parte dell'amido. Con un semplice accorgimento puoi assicurarti che l'amido sia fissato prima nella patata. Di conseguenza, la patata perde meno amido durante la preparazione successiva - esattamente quello che vogliamo!

E come lo fai? Metti le tue patate in acqua a 72 gradi per 30 minuti, facile da fare tramite sous vide. In realtà. Rende la tua patata una patata diversa... Non cotta, ma al tatto. Tutto l'amido è ora ben racchiuso nella patata.

La patata ha più sapore sulla pelle. E un peccato non usarlo nella tua purea! Per fare questo, lavare bene le bucce e portarle a bollore mescolando con il latte. Togli la padella dal fuoco non appena il latte bolle e lascialo riposare fino al momento dell'uso. Questo attira il sapore della pelle al latte, che alla fine aggiunge alla sua purea.

Sciacquare di nuovo bene le patate dopo 30 minuti e cuocerle completamente cotte per altri 30 minuti.

Naturalmente, questo è possibile senza sottovuoto e semplicemente facendo bollire l'acqua.

Tagliate il burro a tocchetti e metteteli in una ciotola. Scolare le patate lesse e strizzarle finemente con lo spremiagrumi schiacciato (o in alternativa utilizzare un purè di patate). Mescolare bene il burro e la miscela di patate.

Ora strofina la purea attraverso il colino (da forno) più fine possibile.

Aggiungete un goccio di latte e unite bene la purea. Continua ad aggiungere il latte fino a ottenere la consistenza desiderata. Condite con pepe fresco e sale marino. Il buongustaio ora aggiunge un po 'di noce moscata o scorza di limone / lime (per agire come una controparte fresca del burro).

- **Bistecca di fesa sottovuoto**

Ingredienti per 2 porzioni
- 2 stk Rump steak (roast beef) a 250g
- 1 premio sale
- 1 prizepepper
- 1 cucchiaio di olio per la padella

Preparazione

Con la ricetta della bistecca è importante sapere in anticipo come si desidera la carne. Questo e lo spessore della carne determinano anche i diversi tempi di cottura e temperature di cottura - vedi sotto per i dettagli.

Lo spessore ideale delle bistecche dovrebbe essere compreso tra 2-3 cm e dovrebbe avere una bella marezzatura. Lavare prima la carne, asciugarla tamponando e poi aspirare ogni pezzo di carne in una pellicola da cucina adatta.

Ora mettere i due pezzi di carne uno accanto all'altro nel dispositivo sous vide (o forno a vapore) e cuocere secondo il grado di cottura desiderato - ecco alcuni aiuti: Raro 47 gradi, medio 55 gradi, ben cotto 63 gradi per ca. . 70 minuti. Più la carne è spessa, più a lungo deve essere cotta - piccolo aiuto: 4 cm circa 120 minuti, 5 cm 160 minuti.

Terminata la cottura togliete la carne, tagliatela dal sacchetto, raccogliete il succo - questo può servire da base per una salsa - tamponate un po 'la carne, salate e pepate, e in una padella molto calda con un filo di olio o burro su entrambi i lati ben caldi - ca. 60-90 secondi su ogni lato.

- **Roast beef sottovuoto**

Ingredienti per 4 porzioni
- 1 kg di roast beef
- 1 cucchiaio di olio d'oliva
- 3 rametti di rosmarino
- 3 rametti di timo
- 20 g di burro

Preparazione

Tempo totale ca. 5 ore e 20 minuti

La cosa più importante con la cottura sottovuoto di carne o pesce è che tu abbia una macchina sottovuoto e nella migliore delle ipotesi una cucina sottovuoto.

Per prima cosa togli la bistecca dalla confezione e lavala con acqua fredda, quindi tamponala con carta crespa.

Separare le foglie di timo e rosmarino dallo stelo e non aspirare lo stelo perché è troppo duro.

A questo punto strofinare il roast beef con l'olio d'oliva e metterlo in un sacchetto di plastica adatto alla cottura sottovuoto. Quindi aggiungere alla busta le foglie di timo e rosmarino. Aspirare tutto in questo sacchetto.

Preriscaldare la pentola sottovuoto a 56 gradi e aggiungere il roast beef a bagnomaria. La carne deve poi essere cotta a bagnomaria per 5 ore.

Dopo 5 ore, togli la bistecca dal sacchetto e tamponala. Riscaldare una bistecchiera e rosolare brevemente la carne su ogni lato per un massimo di 1 minuto. Mettere il burro nella padella per arrotondare.

Quindi lasciare la bistecca su un piatto preriscaldato per 3 minuti.

- **Filetto di bisonte con fave**

Ingredienti per 2 porzioni
- 1 tazza di polenta
- Sale e pepe, bianco
- 1 tazza di latte
- 1 tazza d'acqua
- 30 g di spugnole essiccate (spugnole nere)
- 3 proteine
- Burro
- 150 g Fagioli (fave), congelati
- 100 ml di succo d'arancia
- 1 cucchiaio. Dragoncello, foglie colte
- 300 g di filetto di bisonte
- 1 cucchiaio. burro chiarificato

Preparazione

Tempo totale ca. 30 minuti

Sigilla il filetto di bisonte in un sacchetto di plastica. Lasciarlo a bagno a bagnomaria a 65 ° C per circa 2 ore. Disimballate il filetto di bisonte, aggiustate di sale e pepe e lasciate che tutti i lati prendano brevemente e vigorosamente il colore nel burro chiarificato, fatelo riposare per almeno 5 minuti, poi tagliatelo in due fette.

Cuocere la polenta in una miscela di latte e acqua con un po 'di sale. Mettere a bagno le spugnole, quindi tagliarle a pezzetti e unirle alla polenta raffreddata. Possibilmente. Aggiungere l'acqua di ammollo delle spugnole per migliorare la consistenza. Montare a neve ferma gli albumi con poco sale, piegarli sotto la polenta e versare il composto in stampini imburrati. Cuocere a bagnomaria a 180 ° C fino a quando saranno leggermente dorati.

Lasciate scongelare le fave, eliminate la buccia spessa. Ridurre un po 'il succo d'arancia, aggiungere il burro e il sale. Riscaldare solo brevemente le fave. Tritate finemente il dragoncello e aggiungetelo prima di servire.

- **Filetto di salmone sottovuoto**

Ingredienti per 4 porzioni
- 450 g di filetto di salmone, fresco
- Olio d'oliva
- Sale e pepe
- Polvere d'aglio
- Succo di limone

Preparazione

Tempo totale ca. 1 ora

Preparare un sacchetto sottovuoto adatto, aspirare il salmone con 1 cucchiaino di olio d'oliva e un po 'di sale. Mettere con cura il salmone nel sacchetto sottovuoto a bagnomaria preriscaldato a 52 ° C e cuocere per circa 20 - 25 minuti.

Quindi togli il salmone dalla vasca, togli con cura il pesce dal sacchetto e friggi leggermente in padella, ma può essere consumato anche direttamente.

Disporre di sale e un po 'di pepe con un po' di succo di limone, a seconda dei gusti. Servire su verdure o riso, a seconda del gusto.

- **Costata di manzo - cotta sottovuoto**

Ingredienti per 3 porzioni
- 4 cucchiai. salsa Worcester
- 2 cucchiai. sale
- 1 cucchiaio. Pepe, appena macinato
- 1 cucchiaio. olio di colza
- 1,3 kg Roast beef (costata alta, con osso)

Preparazione

Tempo totale ca. 8 ore e 30 minuti

Strofina generosamente la costola alta con la salsa Worcestershire. Quindi cospargere di sale e strofinare anche. Mettere in un sacchetto sottovuoto e sigillare. Trasferire nel contenitore Sous Vide e cuocere per 8 ore a 56 ° C. Quando il tempo sarà scaduto, rosolare le costine su tutti i lati in una padella o sulla griglia. Quindi tagliare a fette e spolverare con pepe macinato fresco.

Questo va bene con verdure saltate in padella e salse a tuo piacimento.

- **Filetto di maiale con crema di dragoncello**

Ingredienti per 4 porzioni
- 1 maiale
- 1 mazzetto di Dragoncello, più fresco
- 1 cucchiaio. Senape, grintosa
- 200 ml di crema
- 1 scalogno
- 1 cucchiaio. Olio di semi di girasole
- 10 g di burro
- Sale e pepe

Preparazione

Tempo totale ca. 1 ora e 50 minuti

Lavare il filetto di maiale, asciugarlo tamponando e rimuovere il grasso in eccesso e i tendini. Strofinare con olio di semi di girasole, sale e pepe. Lavate il dragoncello, asciugatelo e tritatelo finemente. Pelare e tagliare a dadini lo scalogno.

Mettere il filetto di maiale in un sacchetto, aggiungere un cucchiaino di dragoncello e aspirare. Cuocere al ripiano 3 nel programma "Sous vide" a 65 ° C per ca. 80 minuti nella pentola a vapore.

Nel frattempo far rosolare i cubetti di scalogno nel burro fino a renderli traslucidi e poi sfumare con la panna. Incorporate la senape, aggiungete il restante dragoncello e lasciate sobbollire un po '.

Quando il filetto di maiale è cotto, viene fritto in una padella molto calda. Quando la carne sottovuoto è stata cotta, non ha crosta. Per non modificare in modo significativo il punto di cottura durante la cottura arrosto, la padella deve essere molto calda in modo che la crosta si formi molto velocemente. Tagliate il maiale ad angolo e adagiatelo sulla crema di dragoncello.

- **Merluzzo sottovuoto**

Ingredienti per 2 porzioni
- 2 Filetti di merluzzo
- 2 cucchiai. Prezzemolo essiccato
- 4 cucchiai. olio d'oliva
- 2 dita di aglio
- 1 cucchiaino di succo di limone
- Sale e pepe

Preparazione

Tempo totale ca. 30 minuti

Fare una marinata con olio d'oliva, prezzemolo, aglio pressato, succo di limone, sale e pepe.

Prepara due sacchetti sottovuoto. Distribuire la marinata sui filetti di pesce e saldare i filetti con il dispositivo sottovuoto.

Cuocere per 20 minuti a 52 gradi.

Consiglio: mescolate velocemente il pesce cotto in una padella con burro caldo.

- **Pancetta di maiale cotta sottovuoto**

Ingredienti per 2 porzioni
- 500 g di pancetta disossata
- 30 g di sale per decapaggio (sale per decapaggio con nitrito)
- 15 g di zucchero, marrone
- 1 foglia di alloro
- 10 bacche di ginepro
- 10 grani di pepe
- 3 chiodi di garofano
- 2 cucchiai. Senape mediamente piccante
- Pepe, nero, macinato grossolanamente

Preparazione

Fai bollire 300 ml di acqua con sale marinaro e zucchero di canna in una casseruola fino a farla diventare una salamoia. Lasciate raffreddare la salamoia e vaccinate la carne con una siringa di salamoia.

Schiacciare le bacche di ginepro e il pepe in grani e aggiungerli al resto della salamoia con la foglia di alloro e chiodi di garofano. Mettere la pancetta con la salamoia in un sacchetto da freezer, chiudere bene e lasciare in frigo per 12 ore.

Togliere la carne, lavare, asciugare, condire con pepe e spennellare con senape. Aspirate la pancetta e fatela cuocere a bagnomaria a 65 gradi per 24 ore.

Quando il tempo di cottura è terminato, togliere la carne dal sacchetto sottovuoto, tagliare la cotenna a forma di diamante e friggere fino a renderla croccante sotto la griglia in forno. Tagliare la pancetta a fette e servire con crauti e purè di patate.

- **Rotolo d'anatra sottovuoto**

Ingredienti per 6 porzioni
- 2 Club (anatra)
- 1 petto d'anatra
- Pancetta, più grassa
- 50 g di pistacchi, tritati grossolanamente
- 80 g di noci di macadamia, tritate grossolanamente
- 2 piccoli uovo
- Crema
- sale
- Pepe
- 150 g di pancetta
- Pepe,
- Sale marino

Preparazione

Tempo totale ca. 1 ora e 40 minuti

Togliere la pelle dalle cosce e dal petto d'anatra, tagliarli molto finemente e friggerli lentamente in padella fino a renderli croccanti. Quindi mettere su un setaccio a scolare.

Liberare le cosce d'anatra e preparare un brodo con le ossa

Tagliate il petto d'anatra a listarelle

Tagliare finemente la pancetta.

Fare una farsa con la carne delle cosce, la panna, le uova, le spezie e la pancetta. Mescolare i pistacchi e le noci e parte della pelle d'anatra arrosto sotto la farsa.

Adagiare la pancetta sovrapposta su una tavola e stendere la farsa su di essa, stendere sopra le fettine di petto d'anatra. Arrotolate il tutto con la pancetta.

Mettere il rotolo in un sacchetto sottovuoto e cuocere a 60 ° per circa 1 ora.

Togliere il rotolo dal sacchetto e friggerlo brevemente tutto intorno nel grasso d'anatra, tagliarlo a fette per servire e spolverare con la pelle d'anatra arrosto e un po 'di pepe della Tasmania macinato fresco e fleur de sel.

- **Sella di maiale sous vide**

Ingredienti per 4 porzioni
- 800 g di maiale
- 2 dita di aglio
- 3 cucchiai. burro
- 1 foglia di alloro
- Olio d'oliva
- Pepe, nero dal mulino
- sale

Preparazione

Tempo totale ca. 2 ore e 20 minuti

Strofinare la parte posteriore con un filo d'olio e coprire con fettine di aglio e alloro e passare l'aspirapolvere.

Mettere a bagnomaria a 60 ° per ca. 75-90 minuti. In alternativa, puoi anche usare il piroscafo.

Il tempo è di secondaria importanza, poiché la carne non può riscaldarsi più di 60 °. È meglio lasciarlo più a lungo se non sei sicuro.

Quindi tirare fuori la carne di maiale, far schiumare il burro in una padella calda e friggere brevemente la carne. Condite con sale e pepe e tagliate a pezzi.

Questo va con risotti e verdure arrosto (es. Peperoni appuntiti).

La carne è quindi molto tenera, rosa chiaro e molto saporita.

- **Cosciotto d'agnello cotto sottovuoto**

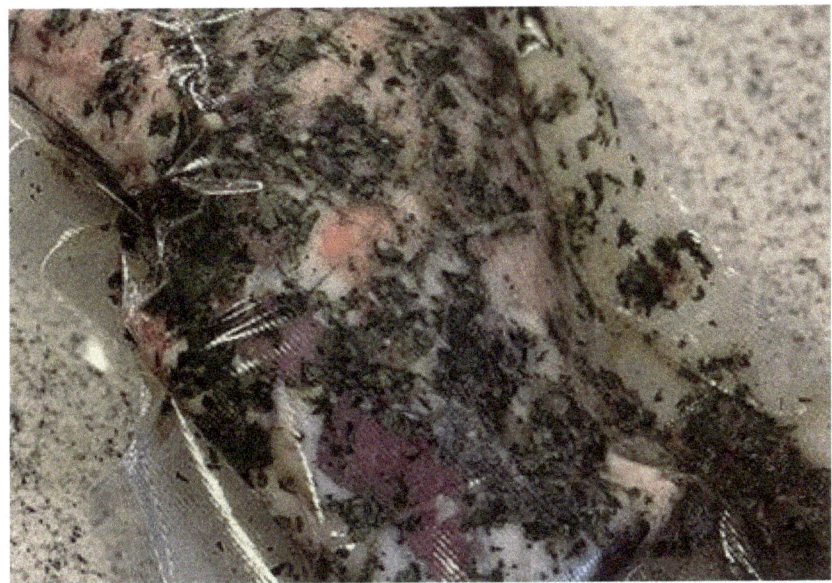

Ingredienti per 6 porzioni
Per la marinata:
- 1 manciata di pepe nero
- 1 manciata di sale
- 1 tubero d'aglio
- 1 mazzetto di coriandolo
- 2 Scalogno
- 1 lime

Per la carne:
- 1 Cosciotto di agnello, con osso, 2-3 kg
- 1 manciata di sale

Preparazione

Tempo totale ca. 18 ore e 30 minuti

Avvolgere il bulbo d'aglio in un foglio di alluminio e arrostire sulla griglia o in forno a 180 ° C per un'ora.

Per la marinata, macinare finemente sale e pepe in un mortaio. Tagliare a metà l'aglio arrostito e ora morbido e strizzarlo per metà nel mortaio. Tritate il coriandolo e lo scalogno e aggiungeteli al mortaio. Spremi il lime, aggiungi il succo al mortaio e mescola il tutto in una sospensione.

Riempire un bagnomaria sottovuoto e preriscaldare a 58 ° C.

Parate il cosciotto d'agnello. Se ha un tappo di grasso forte, rimuoverlo un po '. Tagliare il tappo grasso a forma di diamante, facendo attenzione a non ferire la carne. Salare la coscia, strofinarla con la marinata, aggiungere l'aglio rimasto e aspirare la coscia. Cuocere sottovuoto per 18 ore (questo non è un errore di battitura).

Dopo la cottura, togliere la coscia dal sacchetto e asciugare tamponando. Grigliare sulla griglia a fuoco diretto per creare aromi arrostiti.

- **Cosce d'anatra confinate sottovuoto**

Ingredienti per 2 porzioni
- 2 Coscia d'anatra
- Sale marino
- Pepe, nero, macinato fresco
- 1 cucchiaio. Brodo d'anatra, concentrato
- 2 foglie di alloro, fresche
- 5 grainspimento
- 3 dischi di aglio, essiccato
- 2 cucchiai. Lardo (anatra) colmo, refrigerato

Preparazione

Tempo totale ca. 3 giorni 8 ore 5 minuti

Strofinare bene le cosce d'anatra con il brodo d'anatra, aggiustare di sale e pepe. Aspirare insieme agli altri ingredienti in un sacchetto (poiché un po 'di liquido viene aspirato con una macchina per sottovuoto domestica, controllare attentamente che il cordone di saldatura non presenti perdite) e cuocere a 80 ° C per otto ore, quindi raffreddare rapidamente a bagnomaria almeno 15 minuti.

Lasciare in frigo per qualche giorno o più a lungo se possibile.

Servire a bagnomaria, scaldare a 75-80 ° C, togliere con cura dalla busta e, se necessario, rosolare brevemente la pelle sotto la salamandra o la griglia a infrarossi del forno.

- **Asparagi al curry rosso**

Ingredienti per 2 porzioni
- 500 g di asparagi, bianchi
- 2 cucchiaini da tè Pasta di curry, rosso
- 3 cucchiai. Latte di cocco, congelato
- 1 pizzico di zucchero
- 1 pizzico di sale
- 1 cucchiaino di burro

Preparazione

Tempo totale ca. 55 minuti

Acquista gli asparagi freschi e sbucciarli.

Quindi condire gli asparagi con sale e zucchero - metterli in un sacchetto. Quindi distribuire gli ingredienti rimanenti nella busta. Distribuire un po 'la pasta di curry sugli asparagi. Mi piace usare il latte di cocco congelato per il metodo sous vide. Di solito ho bisogno di piccole quantità in modo da avere sempre un po 'di latte di cocco nel contenitore dei cubetti di ghiaccio e posso aspirarlo più facilmente.

Impostare il bagnomaria a 85 ° C e cuocere gli asparagi per 45 minuti.

Aprire la busta alla fine del tempo di cottura. Prendere il succo dall'acqua degli asparagi, dal curry e dal latte di cocco, addensare un po 'e servire con gli asparagi.

- **Filetto bollito**

Ingredienti per 4 porzioni
- 1 kg di manzo
- 1 carota
- 50 g di radice di sedano
- 1 cipolla piccola
- 1 cucchiaio. olio
- 100 ml di vino bianco
- Sale marino
- 6 grani di pepe
- 1 foglia di alloro

Preparazione

Tempo totale ca. 20 ore e 15 minuti

Sbucciare la pelle dalla parte superiore del manzo bollito. Tagliare finemente la carota, la cipolla e il sedano. Scaldare l'olio in una padella e far rosolare le verdure. Sfumare con il vino bianco, far ridurre quasi completamente.

Strofinare il filetto bollito con un filo d'olio, sale (non troppo) e metterlo in un sacchetto sottovuoto. Aggiungere le verdure, la foglia di alloro e il pepe in grani e distribuire nel sacchetto. Passare l'aspirapolvere. Cuocere a bagnomaria a 60-65 ° C per 20 ore.

Quindi tirare fuori dal sacchetto, togliere le verdure e tagliare la carne di manzo bollita.

La carne diventa tenera, aromatica e mantiene un colore rosato uniforme. Ha un sapore delizioso con pangrattato, salsa verde o su ortaggi a radice.

La giusta temperatura è un po 'una questione di gusti. Lo cucino sempre a 64 ° C. Più a lungo ci rimane, più si perde la struttura della carne. Ancora un giorno e può essere schiacciato con la lingua. Mi piace un po '"più croccante".

La quantità per porzione è già abbastanza generosa, se ne può mangiare di più.

- **Pollo alla vaniglia con carote al miele**

Ingredienti per 2 porzioni
- 2 Filetti di petto di pollo, senza pelle
- ½ baccello di vaniglia, tagliato a metà nel senso della lunghezza
- 2 cucchiai. Olio, semi d'uva
- 16 Carote, baby, sbucciate
- 2 cucchiai. burro
- 3 cucchiai. Miele di acacia
- sale
- Pepe, nero, macinato

Preparazione

Tempo totale ca. 4 ore

Aspirate i filetti di petto di pollo con l'olio, il baccello di vaniglia e il pepe e lasciate marinare per almeno 2 ore.

Aspirare ogni 8 carote con 1 cucchiaio. burro e 1,5 cucchiai. miele.

Cuocere il pollo a 60 ° per 100 minuti a bagnomaria o in pentola a vapore. Estrarre dal sacchetto e rosolare in una padella preriscaldata. Poi sale.

Cuocere le carote a 85 ° per 25 minuti in forno a vapore oa bagnomaria. Quindi mettere in una padella preriscaldata e friggere fino a quando il miele si sarà caramellato. Sale e pepe.

Disporre su piatti preriscaldati.

Si sposa bene con il cuscus o la polenta.

- **Bistecca di manzo sottovuoto con vino rosso**

Ingredienti per 2 porzioni
- 2 Bistecca di manzo (anca), ca. 250 g ciascuno
- 4 rametti di rosmarino
- 4 rametti di timo
- 100 ml di vino porto
- 150 ml di vino rosso
- Olio d'oliva, buono
- Burro chiarificato
- Sale marino, grosso
- Pepe (bistecca al pepe)
- 1 cucchiaino, zucchero a velo
- 1 cucchiaio. Burro, freddo

Preparazione

Tempo totale ca. 2 ore

Asciugare le bistecche di manzo e passarle con l'aspirapolvere con un rametto di timo e rosmarino e un filo di olio d'oliva.

Riscalda il bagno sottovuoto a 56 gradi e poi mettici dentro i sacchetti.

Poco prima della fine della cottura far caramellare lo zucchero in un pentolino e sfumare con il vino rosso e il Porto. Aggiungere le erbe rimanenti e lasciare cuocere il vino a fuoco lento.

Dopo 90 minuti, rimuovere le bistecche dal bagnomaria. Metti una padella con il burro chiarificato e lascia che il burro diventi molto caldo. Nel frattempo, picchietta leggermente le bistecche. Rosolare brevemente le bistecche nel burro per circa 5-10 secondi su ciascun lato, quindi avvolgerle in un foglio di alluminio e tenerle al caldo.

Mettere il composto di vino nella padella e ridurre a 1/3, aggiustare di sale e pepe e addensare con un po 'di burro.

Mettere la salsa nel piatto e adagiarvi sopra la bistecca, cospargere di sale grosso e pepe.

Le patate al forno si sposano molto bene con questo.

- **Salmone sottovuoto cotto**

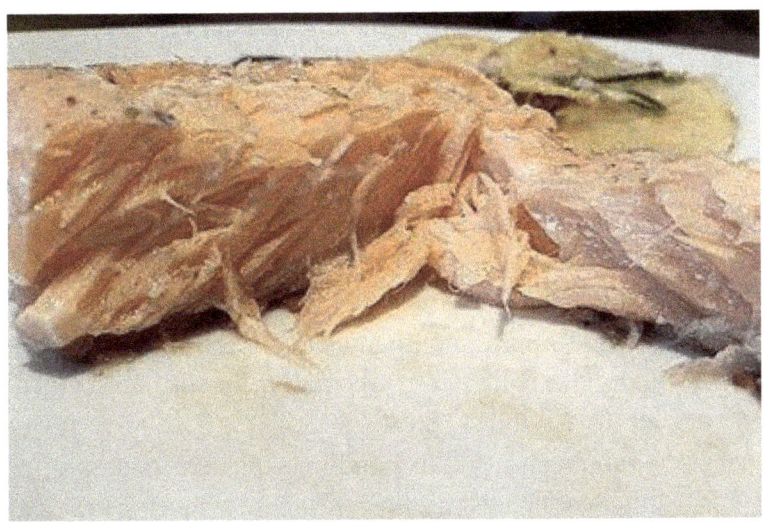

Ingredienti per 1 porzioni
- 200 g di filetto di salmone con la pelle
- 2 fette di limone, affettate sottilmente
- 2 rami di aneto
- ½ spicchio d'aglio, tagliato a fettine sottili
- Rosmarino
- Timo
- 2 gocce di olio d'oliva
- Pepe

Preparazione

Tempo totale ca. 45 minuti

Tampona il salmone. Spennellate leggermente con olio d'oliva e pepe. Mettere in una borsa sottovuoto. Spalmate sul pesce le fette di limone, l'aglio e le erbe aromatiche e passate il tutto con l'aspirapolvere.

Scaldare un bagnomaria con un bastoncino sous vide a 45 ° C e cuocere il sacchetto con il suo contenuto per ca. 30 minuti. Dopo 30 minuti, togli il salmone dalla confezione.

Mettere approssimativamente in una padella calda sul lato della pelle per 10 secondi e far rosolare ben caldo, servire subito.

Ognuno può quindi condire a piacere con sale, pepe, limone e peperoncino.

- **Pancetta di maiale sottovuoto**

Ingredienti per 2 porzioni
- 500 g di pancetta di maiale, non stagionata
- 1 foglia di alloro, fresca
- 3 bacche di ginepro
- sale
- Pepe, nero, dal mulino

Preparazione

Tempo totale ca. 15 ore 5 minuti

Dividete la foglia di alloro a pezzi. Spremi le bacche di ginepro. Strofinare la pancetta con un po 'di sale, peparla delicatamente e metterla in un sacchetto sottovuoto con bacche di ginepro e foglie di alloro.

Vuoto e cuocere a bagnomaria a 75 ° C per 15 ore.

Il risultato è una pancetta di maiale tenera, aromatica e succosa, ma non più rosea.

- **Filetto di manzo intero dopo sous vide**

Ingredienti per 4 porzioni
- 500 g di filetto di manzo, intero
- 1 rametto di rosmarino
- 2 cucchiai. burro
- 2 cucchiaini da tè sale
- 1 cucchiaino di pepe nero
- 3 bacche di ginepro
- Alcuni aghi di rosmarino

Preparazione

Tempo totale ca. 3 ore e 15 minuti

Lavate il filetto di manzo intero, asciugatelo tamponando con carta da cucina e portatelo lentamente a temperatura ambiente (toglietelo dal frigo circa 2 ore prima).

Quindi saldare in carta stagnola con il rametto di rosmarino.

La ciotola del Cooking Chef fino a max. Riempire la tacca con acqua e impostarla a 58 ° C (mettere il paraspruzzi, mescolando con intervallo 3 senza agitatore).

Quando la temperatura sarà raggiunta, aggiungere il filetto di manzo saldato e lasciarlo lì per 3 ore. Chiudere il paraspruzzi in modo che la temperatura rimanga costante!

Quindi estrarre il CC e aprire il film.

Scaldate nella padella il burro con il sale, il pepe, le bacche di ginepro pressate e qualche spillo di rosmarino e fatelo rosolare leggermente. Rosolare brevemente il filetto su entrambi i lati (tutto sommato circa 1 min.).

Basta tagliare aperto (fette non troppo sottili) e servire.

- **Bistecca di manzo alla ciabatta**

Ingredienti per 1 porzioni
- 300 g di manzo
- 1 confezione di rucola
- 100 g di pinoli
- 2 spicchi d'aglio
- 100 g di parmigiano
- 150 ml di olio d'oliva
- 1 Ciabatta per la cottura
- 50 g di pomodorini
- 1 palla di mozzarella
- Sale e pepe

Preparazione

Tempo totale ca. 1 ora e 55 minuti

Aspirate il filetto di manzo e lasciate riposare per 10-15 min. lasciate riposare a temperatura ambiente. Riscaldare l'acqua a 56 ° C e mettere il filetto a bagnomaria a temperatura costante. Cuocere approssimativamente a bagnomaria per 50 - 55 minuti.

Nel frattempo, cuocere il pane secondo le istruzioni sulla confezione.

Preparate il pesto - mescolate rucola, pinoli, parmigiano e olio fino ad ottenere un composto cremoso. Tagliate la mozzarella e il pomodoro a cubetti.

Tagliate il pane a fette e spennellate con il pesto. Disporre i pezzi di pomodoro e mozzarella sulle fette ricoperte.

Riscaldare una padella e rosolare il filetto. Servire cosparso di sale e pepe.

- **Coscia di pollo sous vide**

Ingredienti per 1 porzioni
- 1 coscia di pollo grande
- Paprica
- Sale e pepe

Preparazione

Tempo totale ca. 1 ora e 40 minuti

Strofinare la coscia di pollo con pepe, sale e paprika e sigillarla in un sacchetto sottovuoto. All'occorrenza è presente anche una borsa freezer con chiusura a scivolo, nella quale si aspira l'aria con una cannuccia.

Scaldare un bagnomaria a 82 ° C e mettere il sacchetto sottovuoto a bagnomaria e cuocere la coscia di pollo per circa 90 minuti a 82 ° C costanti. Non importa più.

Quando il tempo di cottura è raggiunto, preriscaldare una bistecchiera al livello più alto e impostare anche la griglia grande nel forno al livello più alto più il programma grill.

Togliere la coscia di pollo dal sacchetto sottovuoto e metterla nella padella riscaldata. Posizionare la teglia immediatamente sotto la griglia e grigliare la coscia in forno per 2-4 minuti fino a quando la pelle non sarà croccante. La coscia è cotta fino all'ultima osso e ha un piacevole aroma di griglia.

- **Gamba in camoscio sottovuoto**

Ingredienti per 2 porzioni
- 500 g Coscia di camoscio, disossata, preparata dal macellaio
- 200 ml di vino rosso secco
- Fondo selvatico da 200 ml
- 6 Data, senza pietra
- 2 cucchiai. Aceto di sidro di mele
- 2 cucchiai. burro chiarificato
- 2 Cipolla, rossa
- 1 cucchiaino di condimento di cervo

Preparazione
Tempo totale ca. 2 ore e 40 minuti
Friggere la coscia di camoscio nel burro chiarificato. Lascia che la gamba si raffreddi un po 'e poi sigillala con un foglio. Cuocere a bagnomaria a 68 gradi per circa 2 ore.
Tagliare le cipolle a bastoncini, tritare metà dei datteri, tagliare l'altra metà a fettine.
Soffriggere lentamente la cipolla nella padella della coscia. Aggiungi i datteri tritati. Sfumare con vino rosso, sugo selvatico e aceto di mele e ridurre a metà. Aggiungere le spezie di selvaggina e le fette di dattero.

- **Filetto sbagliato sous vide cotto**

Ingredienti per 4 porzioni
- 1 kg di spalla di manzo (falso filetto)
- 2 cucchiai. burro
- 2 cucchiaini da tè timo
- 1 cucchiaino di pepe nero
- 2 spicchi d'aglio

Preparazione

Tempo totale ca. 2 ore e 30 minuti

Disimballare il filetto e asciugarlo. Parate la carne in modo pulito. Strofinare con il burro in modo che il pepe e il timo aderiscano meglio. Mettere il filetto con l'aglio schiacciato in un sacchetto sottovuoto e sottovuoto.

Mettere il filetto sbagliato nel dispositivo sous vide a 54 ° C e lasciarlo lì per due ore.

Dopo due ore, aprire la busta e grigliare su tutti i lati per 2-3 minuti a fuoco diretto. Terminata la cottura, lasciate riposare la carne per circa 3 - 5 minuti, dopodiché è pronta.

Affettato finemente, ad esempio come antipasto, assolutamente delizioso.

- **Controfiletto di manzo cotto sous vide**

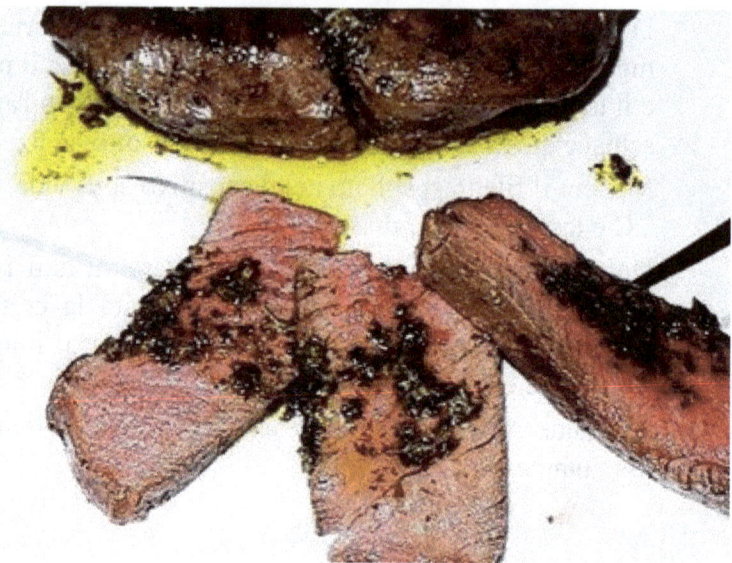

Ingredienti per 2 porzioni
- 600 g di manzo
- 1 pizzico di sale
- 1 pizzico di pepe
- 2 cucchiai. Olio colmo
- 1 pezzetto di burro o burro alle erbe

Preparazione

Tempo totale ca. 1 ora e 29 minuti

Prendi 2 lombi di manzo da 300 grammi, idealmente dal macellaio. Puoi passare l'aspirapolvere dal macellaio o farlo da solo a casa, anche con le erbe.

Riscalda una pentola d'acqua e poi aspetta che bolle. Non dimenticare di coprirlo con il coperchio. Non appena l'acqua bolle correttamente, ha una temperatura di ca. 100 gradi.

Metti la pentola con il coperchio sul fornello e attendi circa 5 minuti. Quindi l'acqua ha una temperatura compresa tra 85 e 90 gradi. Ora metti la carne nel sacchetto sottovuoto nell'acqua fino a coprirla. Rimetti il coperchio e lascia sobbollire per 15 minuti.

Con questo raggiungiamo una temperatura interna di ca. 50 gradi nella carne. Trascorso questo tempo, tiralo fuori dalla pentola e lascialo riposare per 4-5 minuti.

Ora la carne esce dalla sua borsa. Lo massaggiate con olio e lo condite con sale e pepe su ogni lato. Fate scaldare contemporaneamente la padella e poi rosolate la fine della cottura, a ca. 1,5 minuti per lato. Ora togli la padella dal fuoco e aggiungi un pezzo di burro (alle erbe). In modo che la carne si sfreghi da tutti i lati e lasci riposare di nuovo la carne.

Disporre ora sul piatto e versarvi sopra il restante burro alle erbe se necessario.

- **Patate con yuzu fermentato**

Ingredienti per 4 porzioni
- 700 g di patate, cottura compatta
- 50 g di sedano
- 50 g di carote
- 1 scalogno
- 10 g di Yuzu, fermentato
- 20 ml di brodo vegetale
- 1 pizzico di zucchero
- Salsa di soia

Preparazione

Tempo totale ca. 2 ore 35 minuti

Pelare le patate, tagliarle a cubetti (circa 2 cm di bordo), sbollentarle brevemente in acqua salata e lasciar raffreddare.

Tagliare il sedano, le carote e lo scalogno a cubetti molto fini.

Mettete tutti gli ingredienti in un sacchetto sottovuoto insieme allo yuzu fermentato, al brodo vegetale e ad un pizzico di zucchero. Applicare sottovuoto medio e cuocere a 85 ° C per circa 2 ore.

Quindi apri la busta e condisci con un po 'di soia yuzu.

- **Asparagi bianchi sous vide**

Ingredienti per 2 porzioni
- 800 g Asparagi, bianchi
- 1 cucchiaino di zucchero
- 1 pizzico di sale
- 50 g di burro
- Erbe aromatiche

Preparazione

Tempo totale ca. 40 minuti

Pelare gli asparagi e tagliare le estremità. Mettere le lance di asparagi in un sacchetto, aggiungere sale, zucchero e burro e passare l'aspirapolvere.

Cuocere sul ripiano 3 nel programma "Sous vide" a 85 ° C per ca. 30 minuti nella pentola a vapore.

Se lo desideri, puoi aspirare erbe aromatiche come basilico, aglio orsino, timo, rosmarino o menta con gli asparagi. Ma attenzione! L'esperienza gustativa diventa piuttosto intensa.

- **Petto d'oca sottovuoto**

Ingredienti per 4 porzioni
- 2 Petti d'oca innescati da oche selvatiche
- 2 cucchiaini da tè Sale, grosso
- 1 cucchiaino di pepe in grani, nero
- 6 bacche di ginepro
- 3 pimento
- 200 ml di olio di noci
- 100 ml di vino rosso
- Fondo selvatico da 200 ml
- Amido di mais per l'impostazione

Preparazione

Tempo totale ca. 1 ora e 25 minuti

Morta le spezie. Metti 1 petto ciascuno in un sacchetto sottovuoto. Aggiungere 100 ml di olio di noci in ogni busta. Sottovuoto e cuocete a bagnomaria a 68 gradi per circa 1 ora.

Quindi rimuovere, asciugare e friggere tutto intorno nella padella. Lascia riposare un po 'e poi taglia.

Nel frattempo sfumare l'arrosto con il vino rosso e farlo bollire un po '. Versare il brodo di selvaggina, eventualmente condire con sale, pepe e zucchero e poi legare con la maizena.

- **Coniglio sottovuoto**

Ingredienti per 4 porzioni
- 4 Coscia di coniglio
- 1 cipolla
- 3 carote
- 1 barretta di porro
- 1 spicchio d'aglio
- 1 radice di sedano più piccola
- Rosmarino
- 2 cucchiai. olio d'oliva
- Sale e pepe

Preparazione

Tempo totale ca. 3 ore e 30 minuti

Lavate le cosce di coniglio e asciugatele con carta da cucina. Liberare le ossa e condire la carne con sale e pepe.

Pelare la cipolla, lo spicchio d'aglio, le carote e il sedano e tagliarli a cubetti. Tagliate il porro a listarelle. Fate appassire il tutto in una casseruola con 1 cucchiaio di olio d'oliva per 3 minuti e lasciate raffreddare. Aggiungere il rosmarino a piacere. Mettere le cosce e le verdure in un sacchetto sottovuoto e sottovuoto.

Cuocere le cosce di coniglio nel dispositivo sous vide a 65 gradi per 3 ore.

Lasciate che il brodo della busta si riduca un po 'e mettete un sugo. Friggere le cosce nell'olio d'oliva rimasto. Disporre le verdure dal sacchetto sui piatti.

- **Cosciotto di agnello sous vide**

Ingredienti per 4 porzioni
- 1 kg Cosciotto d'agnello disossato
- Sale e pepe
- 1 rametto di rosmarino
- 1 cucchiaio. burro chiarificato

Preparazione

Tempo totale ca. 19 ore

Salate e pepate normalmente da tutti i lati il cosciotto di agnello disossato, ponete un rametto di rosmarino nell'apertura dell'osso. Ripiegate la carne, mettetela in un apposito sacchetto sottovuoto e sottovuoto.

Preriscaldare il fornello sottovuoto a 65 ° C, inserire la carne e cuocere a 65 ° C per 18 ore.

Trascorso il tempo di cottura, togliere la carne dal sacchetto, tamponare e friggere brevemente e vigorosamente nel burro chiarificato. Tenere in caldo a 65 ° C o saldare nuovamente e riscaldare a 65 ° C nella pentola sottovuoto se necessario.

La carne è appena passata e tenera.

- **Filetti di coccodrillo sottovuoto**

Ingredienti per 4 porzioni
- 500 g Filetto (filetti di coccodrillo)
- 1 Limoni
- 1 cucchiaio. olio di limone
- 3 cucchiai. olio d'oliva
- 4 Cipollotto, tagliato a rondelle sottili
- ½ limone, il succo
- Pepe
- sale
- 1 rametto di rosmarino

Preparazione

Tempo totale ca. 4 ore e 30 minuti

Lavate i filetti e asciugateli.

Mescola tutti gli ingredienti per la marinata. Mettere i filetti nei sacchetti e coprire con la marinata. Tagliate il limone intero a fettine sottili e adagiatelo sui filetti.

Sigillare le buste sottovuoto, se possibile, conservare in frigorifero per 1 - 2 ore. Cuocere dolcemente in una pentola sottovuoto a 80 ° C per 3 ore.

Togliere i filetti dai sacchetti e grattarli via grossolanamente. Riscaldare una padella larga con abbondante burro.

Rosolare solo brevemente a fuoco vivo in modo che i filetti diventino dorati.

Servite subito.

Una salsa di limone e mele cotogne si sposa bene con questo.

- **Salmone con crema di formaggio**

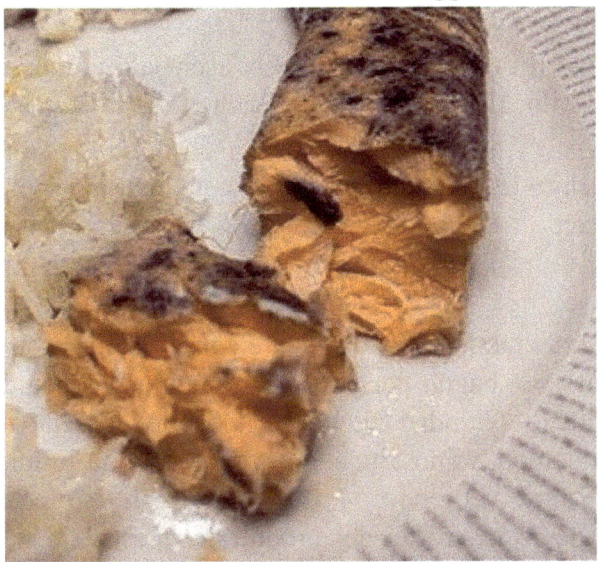

Ingredienti per 2 porzioni
- 250 g di salmone, congelato
- 200 g di panna liquida
- 2 tazze di Basmati
- 4 tazze d'acqua
- 1 Limoni
- 1 curry in polvere

Preparazione

Tempo totale ca. 45 minuti

Quando il salmone è scongelato, asciugalo un po 'e poi condiscilo. Quindi arriva in sacchetti sottovuoto Sous Vide.

Impostare la macchina per sottovuoto con uno spessore di pesce di ca. 1,5 - 2 cm a 55 ° C per 15 minuti. Il pesce è ancora vetroso e non secco dopo, e ha un ottimo sapore.

Fondamentalmente è importante con il riso basmati che sia messo a bagno per circa 15 minuti, a seconda della quantità. Quindi dovrebbe essere risciacquato accuratamente fino a quando l'acqua diventa limpida e non è più lattiginosa. Quindi deve essere preparato secondo le istruzioni del produttore. mescolare il riso basmati con un po 'di scorza di limone a fine cottura, ha un sapore molto rinfrescante!

Mescolare semplicemente la crema di formaggio con un po 'di scorza di limone e curry in polvere. Assaggiato molto bene e si sposava bene con il salmone.

- **Coscia d'oca sous vide**

Ingredienti per 4 porzioni
- 4 Coscia d'oca
- 2 Arancia
- 2 mele
- Sale e pepe

Preparazione

Tempo totale ca. 1 giorno 8 ore 40 minuti

Condire le cosce d'oca con sale e pepe. Tagliare la buccia delle arance e tagliarle a fettine. Lavate le mele, tagliatele in quattro, privatele del torsolo e tagliatele a pezzetti.

Mettere le cosce d'oca, le arance e le mele in un sacchetto sottovuoto e sottovuoto. Mettere in frigo per 1 giorno in modo che le cosce d'oca possano passare.

Mettere le cosce con la frutta nella pentola sottovuoto e lasciarle riposare per 6 ore a 70 gradi. Quindi lasciate macerare per altre 2 ore a 80 gradi.

Togliere le cosce dalla busta e infornare fino a renderle croccanti in forno a 200 gradi. Mettere il brodo, le arance e le mele in una salsa preconfezionata, mescolare e passare.

Inoltre, gnocchi di pane, cavolo rosso e castagne glassate sono ottimi.

- **Petto d'oca sottovuoto**

Ingredienti per 2 porzioni
- ½ petto d'oca, ca. 300g
- Sale e pepe
- Paprika in polvere, dolce nobile
- Burro chiarificato
- 1 scalogno
- Fondo oche

Preparazione

Tempo totale ca. 12 ore e 20 minuti

Strofinare il petto d'oca disossato con le spezie, aspirare nel sacchetto e cuocere a bagnomaria a 65 gradi per 12 ore.

Quindi prendi il petto d'oca dalla borsa. Raccogli il liquido di cottura.

Fate scaldare il burro chiarificato in una padella. Arrostite brevemente e nettamente i petti d'oca sul lato della casa, brevemente in modo che non post-cuociano, estraeteli e teneteli al caldo.

Tritate finemente lo scalogno, fatelo rosolare in un set da arrosto, versateci il liquido di cottura ed eventualmente il brodo d'oca, fatelo bollire un po ', quindi legatelo con il legante o il burro a piacere.

- **Roast beef stagionato a secco, sottovuoto**

Ingredienti per 4 porzioni
- 800 g Roast beef stagionato a secco, in un unico pezzo
- Spezie a volontà

Preparazione

Tempo totale ca. 7 ore e 30 minuti

Pulite il roast beef e chiudetelo in un sacchetto sottovuoto. Riscaldare l'acqua a 52 gradi (mediamente cotta) con un Sous vide Stick, lasciare la carne a bagnomaria per circa 7 ore.

Rimuovere il sacchetto sottovuoto e aggiungere il succo di carne al contorno (se lo si desidera).

Condire la carne e rosolarla tutto intorno in padella. Tagliare a fette ca. 1 cm di spessore e disporre.

- **Trota salmonata su letto di verdure**

Ingredienti per 4 porzioni
- 1 trota salmonata grande sfilettata su 4 pezzi, le carcasse salvo per la parte posteriore
- 50 g di sedano tritato finemente
- 50 g di carote, tritate finemente
- 50 g di porro, tritato finemente
- Sbucciare la buccia d'arancia, larga, 2 volte con il pelapatate
- Prezzemolo
- Dragoncello
- Un po 'di scorza d'arancia
- 200 ml di brodo di pesce
- 60 ml di aceto, leggero, dolce (aceto balsamico di mele)
- 10 grani di pepe, bianchi
- 4 pimento
- 40 ml di vino bianco
- 60 ml Noilly Prat

- 4 cucchiai. Latte di cocco, l'ingrediente solido
- 2 cm di zenzero
- 2 gambi Limongrass, a pezzi
- 5 foglie di lime kaffir
- 3 grandi Patate dolci
- 2 m. In formato Patata
- Posteriore
- Sale e pepe

Preparazione

Tempo totale ca. 2 ore e 50 minuti

Per prima cosa sfilettare la trota salmonata e staccare la pelle. Estrarre le lische con un paio di pinze da pesce e condire leggermente i filetti all'interno con sale e pepe. Quindi coprire l'interno con prezzemolo, dragoncello e scorza d'arancia e mettere da parte i filetti.

Portare a ebollizione il brodo di pesce con aceto, vino bianco, Noilly Prat, latte di cocco, le spezie (pimento, pepe, zenzero, citronella, foglie di lime kaffir) e le carcasse di pesce e ridurre di circa 15-20 minuti.

Nel frattempo soffriggere leggermente le strisce di verdura con la buccia d'arancia in un po 'di burro chiarificato e condire con sale e pepe.

Mettere alcune verdure in appositi sacchetti sottovuoto, adagiarvi sopra un filetto e versarvi del brodo. Quindi sigillare i sacchetti con un dispositivo di aspirazione.

Pelare le patate dolci e le patate, tagliarle a pezzi e cuocerle al vapore per circa 30 minuti. Quindi pressare con uno schiacciapatate e condire con un brodo addensato, salare e pepare e tenere in caldo.

Cuocere i filetti di pesce a bagnomaria a 56 °C per 18 minuti.

Disporre una purea di patate dolci su piatti preriscaldati, aprire un sacchetto, stendere il contenuto sugli specchi e coprire con brodo di pesce. Decorate a piacere.

- **Dorso e zampe di coniglio con brodo**

Ingredienti per 2 porzioni
- 1 dorso di coniglio o 2 filetti di coniglio
- 2 Coscia di coniglio (coscia di coniglio)
- 4 cucchiai di burro, freddo

Per il lago:
- 1 cucchiaino di bacche di ginepro
- 1 cucchiaino di pepe in grani
- 2 rametti di timo
- sale

Per il fondo:
- 1 Dorso di coniglio, comprese le ossa
- 1 piccola ciotola di zuppa di verdure
- 1 cipolla
- 2 cucchiai. olio
- 1 foglia di alloro
- 1 cucchiaino. pepe in grani

Per la salsa: (Demi-Glace)

- 1 cucchiaio. burro
- 2 Scalogno
- 1 cucchiaino, concentrato di pomodoro colmo
- 250 ml di vino rosso, più secco
- 150 ml di vino porto
- 2 rametti di timo
- 50 g di burro

Preparazione

Tempo totale ca. 1 giorno 9 ore 45 minuti

Mettere la carne in una salamoia aromatizzata per 24 ore. Ciò significa che la carne rimane più succosa, conserva un piacevole morso, è salata in modo ottimale e leggermente aromatizzata.

Pesare la carne e coprirla con almeno lo stesso peso d'acqua. Aggiungere al sale l'1,75% del peso totale di carne e acqua e sciogliere in acqua. Spremete le bacche di ginepro e il pepe e aggiungete all'acqua con il timo. Se necessario appesantire con un piatto per trattenere i pezzi di carne.

Togli le cosce di coniglio dalla salamoia e asciugale. Aggiungere il burro e aspirare le cosce. Cuocere sottovuoto per 8 ore a 75 ° C. Le cosce di coniglio possono quindi essere fritte in poco burro oppure disossate e lavorate ulteriormente.

Rimuovere i filetti posteriori dalla salamoia e asciugarli tamponando. Posizionare circa 30 cm di pellicola trasparente sul piano di lavoro. Posizionare i filetti uno sopra l'altro in direzioni opposte. Posiziona l'estremità sottile sull'estremità spessa e l'estremità spessa sull'estremità sottile in modo da creare un filo uniforme. Piega la pellicola trasparente e attorciglia le estremità in modo da creare un rotolo uniforme. I filetti devono essere pressati strettamente insieme in modo che rimangano uniti dopo la cottura. Fissare le estremità del rotolo con il filo, posizionare il rotolo in un sacchetto sottovuoto e aspirare. Cuocere sottovuoto per 45 minuti a 58 ° C. L'involtino di filetto di dorso può essere tagliato e servito piacevolmente a fine cottura. La rosolatura non è necessaria.

Preriscaldare il forno a 220 ° C per la parte posteriore. Taglia le ossa a pezzi. Pulite le verdure della zuppa, a parte il prezzemolo, e tritatele grossolanamente. Taglia la cipolla in un quarto. Mescolare le verdure e l'olio e cuocere in forno per ca. 30-45 minuti fino a ottenere una bella abbronzatura. Eventualmente mescolare bene dopo la metà del tempo. Metti le verdure e le ossa in una grande casseruola. Eliminate i residui di arrosto dalla teglia con un po 'd'acqua e aggiungete. Aggiungere la foglia di alloro, i grani di pepe e il prezzemolo. Riempire con ca. 2 l di acqua, portare a ebollizione e cuocere a fuoco lento per 1,5 - 2 ore. Il tempo di cottura può essere ridotto di conseguenza nella pentola a pressione. Filtrare il brodo e strizzare bene le verdure e le ossa. Dovrebbe essere rimasto circa 1 litro.

Per il Demi-Glace, tagliare a dadini gli scalogni e stufare fino a renderli traslucidi con un po 'di burro. Aggiungere il concentrato di pomodoro e cuocere per qualche minuto. Aggiungere poco a poco il vino e il Porto e far bollire quasi completamente. Aggiungere il brodo di coniglio e il timo e far bollire lentamente fino a quando il sugo diventa cremoso. Se deve essere servito subito, legatelo con del burro ghiacciato. Se preferisci legare con la farina, puoi far rosolare il burro in una casseruola a parte finché non avrà un odore di nocciola, aggiungere 1 cucchiaio di farina e tostare brevemente. Fare attenzione a non bruciare il burro. Rabboccare con la salsa e mescolare continuamente in modo che non si formino grumi. La salsa legata può essere riscaldata bene.

- **Insalata greca sous vide**

Ingredienti per 2 porzioni
- 1 cetriolo
- 2 cucchiaini da tè Aceto balsamico, bianco
- 3 cucchiaini di zucchero
- 2 steli di aneto
- 1 pomodoro grande
- 200 g di feta
- ½ cipolla, rossa
- 6 olive
- Olio d'oliva, buono

Preparazione

Tempo totale ca. 1 giorno 15 minuti

Pelare il cetriolo e tagliarlo in tre parti. Aspirare i pezzi di cetriolo con aceto balsamico, zucchero e aneto. Lasciate riposare in frigo per 24 ore.

Il giorno successivo, tagliare il cetriolo a strisce adatte e posizionarlo al centro del piatto. Tagliare il formaggio di pecora nella stessa dimensione e adagiarlo sul cetriolo. Quindi tagliare il pomodoro a fettine e adagiarvi sopra il pecorino. Cospargere un po 'di pepe sul pomodoro. Infine mettete la cipolla a listarelle sulla torretta. Guarnire con le olive e versare l'olio d'oliva sull'insalata a piacere.

Passando l'aspirapolvere il cetriolo ottiene un gusto molto più intenso. Il tempo ne vale la pena.

- **Manzo sous-vide picanha style**

Ingredienti per 4 porzioni
- 1,2 kg di manzo
- 3 cucchiai. olio d'oliva
- 3 rametti di rosmarino
- 1 burro chiarificato
- Sale e pepe

Preparazione

Tempo totale ca. 1 giorno 1 ora

Per quanto possibile, il filetto bollito dovrebbe avere ancora lo strato di grasso spesso 0,5-1 cm, come con una picanha brasiliana. Questo viene tagliato a forma di diamante senza tagliare la carne.

Mettere la carne con l'olio d'oliva e gli aghi di rosmarino spellati in un sacchetto sottovuoto, chiudere sottovuoto e sigillare. Non aggiungere sale. Riscaldare nel termosifone a 56 gradi per 24 ore. Togliete la carne dopo il tempo di cottura, raccogliete un po 'del sugo che si è formato. Questo può essere aggiunto a una salsa di vino rosso preparata, per esempio.

Rosolare la carne nel burro chiarificato da tutti i lati, condire con pepe e sale. Tagliare in ca. Fette spesse 1 cm trasversalmente alla venatura. L'interno della carne è rosa (medio).

Ci sono, ad esempio, fagioli allo speck, finferli e crocchette o patate gratinate

- **Maiale tirato sottovuoto in stile asiatico**

Ingredienti per 3 porzioni
- 1½ kg Collo di maiale senza ossa
- 2½ cucchiaini di polvere di cinque spezie
- ¼ di tazza di salsa hoisin
- 3 cucchiai. salsa di soia
- 3 cucchiai. miele
- 2 cucchiai. Vino di riso (vino di riso Shaoxing)
- 2 cucchiai. Zenzero, più fresco, grattugiato
- 2 cucchiai. Aglio, pressato
- 1 limone, buccia della stessa

Preparazione

Tempo totale ca. 20 ore 35 minuti

Hai bisogno di un fornello sottovuoto, un dispositivo di aspirazione e un sacchetto per sottovuoto. Suppongo che tu possa usare un sacchetto per congelatore molto denso, ma non mi fiderei davvero della densità.

Se hai il collo di maiale con l'osso, devi rimuoverlo o mettere due sacchetti uno sopra l'altro per la cottura sottovuoto in modo che l'osso non tagli un buco nel sacchetto e l'acqua penetri all'interno.

O lasciare il collo di maiale intero o tagliarlo a cubetti grossolani. Il vantaggio del taglio precedente è che la lunghezza delle fibre di carne è già determinata.

Mescolare gli altri ingredienti per la salsa marinata.

Ora taglia un sacchetto in una dimensione sufficientemente grande per la cottura sottovuoto e sii generoso. Salda già una cucitura con la macchina per sottovuoto e metti la carne nell'apertura del sacchetto.

Versare la salsa e aspirare il sacchetto facendo attenzione a non rimuovere la salsa.

Mettete abbastanza acqua nella pentola sottovuoto a 70 °C. Quando la temperatura è raggiunta, mettete la busta in modo che sia completamente immersa. Suggerimento: aggiungo sempre acqua calda per risparmiare tempo. Lasciare la carne a bagnomaria per 20 - 24 ore.

Nel frattempo, assicurati di controllare se c'è ancora abbastanza liquido e, soprattutto, se il sacchetto galleggia dalla carne a causa dello sviluppo del vapore. Se è così, devi lamentarti e premere sotto la superficie. Posate, pinze, ecc. Possono essere utilizzate per questo - solo niente, per favore, che tiene l'acqua lontana dalla carne, come piatti e simili.

Opzionale: per una leggera crosta, preriscaldare il forno alla massima temperatura e grigliare o riscaldare la parte superiore.

Terminata la cottura, togliete la busta, tagliate un piccolo angolo e versate il liquido fuoriuscito in una casseruola. Togli la carne dal sacchetto. Ora è teoricamente finito e può essere ritirato.

Oppure, per una leggera crosta, asciugare la carne all'esterno. Mettere in una grande pirofila e grigliare in forno fino a formare una leggera crosticina. Quindi sminuzza la carne in una grande ciotola. Dovrebbe essere molto facile. Aggiungete ora la scorza del limone.

Prova la carne: se è troppo secca aggiungi un po 'di liquido. Altrimenti, fai bollire delicatamente il liquido fuoriuscito sul fornello.

Per fare questo, devi usare una spatola di silicone resistente al calore per mescolare costantemente e spostare la salsa sul fondo della pentola, perché il liquido contiene miele e salsa hoisin - entrambi tendono a bruciare.

Quando si ottiene la consistenza desiderata, la salsa può essere aggiunta alla carne e mescolata o servita separatamente. Di solito li mescolo. La miscela può anche essere sciolta bene con un po 'd'acqua.

Questo "Pulled Pork" in stile asiatico è piuttosto dolce e ora può essere mangiato in qualsiasi modo: sugli involtini di hamburger, negli involtini, nei tacos, ecc.

La carne è particolarmente buona con qualcosa di croccante, così come con un po 'di acido, come qualcosa di intarsiato. Ad esempio, prendo alcune fette di cetriolo che sono state brevemente immerse in una miscela di aceto-acqua-zucchero-sale, o cipolle rosse che sono state affettate con un pizzico di sale e zucchero e aceto leggero con una forchetta, o insalata di cavolo . Trovo molto belli anche il mais e i cipollotti.

Il congelamento funziona facilmente subito dopo la cottura sottovuoto. Raffreddare rapidamente, ri-aspirare e congelare mentre si è ancora nel sacchetto nel bagno di ghiaccio.

Utilizzare entro circa 4 settimane.

Per fare questo, scongelare delicatamente la carne in frigorifero per 2 giorni, quindi posizionarla sotto la griglia o friggerla tutta nella padella. Funziona solo se la carne è fredda e quindi più soda rispetto a quella appena tolta dal fornello sottovuoto. Quindi raccoglierle e, se necessario, riportale a piena temperatura nel microonde o in una casseruola.

La quantità è per 4 persone - da 1,5 kg dopo la cottura sottovuoto ca. 1,1 kg - è generosamente calcolato e varia a seconda dello scopo.

- **Uova sottovuoto**

Ingredienti per 1 porzioni
9. 1 uovo, taglia L
10. 1 pizzico di sale e pepe

Preparazione

Ho impostato il sous vide stick a 62 ° C. Quindi mettere l'uovo o le uova a bagnomaria per 45 minuti.

Alla temperatura che ho impostato, il tuorlo d'uovo è ancora molto fluido, per questo può essere utilizzato anche come condimento per pasta o altri piatti. Il tuorlo d'uovo è più sodo a ca. 68 ° C e non cola su tutta la piastra. Terminata la cottura, spegnete l'uovo sotto l'acqua fredda, montatelo con un coltello e mettetelo nel piatto. Affina con sale, pepe e altre spezie a tuo piacimento.

- **Stinco di maiale sous vide**

Ingredienti per 1 porzioni
- 1 Stinco di maiale o stinco di maiale
- Spezie a volontà

Preparazione

Tempo totale ca. 1 giorno 5 ore 20 minuti

Lo stinco di maiale fresco e non stagionato, noto anche altrove come stinco di maiale o in Austria come trampoli, viene lavato, asciugato e posto in un sacchetto sottovuoto. Questo è seguito da spezie a volontà. Mi piace usare un mix di spezie alla griglia di peperoni (piccanti e dolci), pepe, aglio, sale e un po 'di zucchero. Quindi l'aria viene estratta il più possibile e il sacchetto viene sigillato ermeticamente. Per questo utilizzo un aspirapolvere (dovrebbe anche essere possibile rimuovere l'aria in un altro modo e sigillare saldamente il sacchetto. Non ho esperienza con questo.) Ora il sacchetto va a bagnomaria per 28 ore a 70 gradi Celsius.

Dopo il bagno, il gambo viene rimosso dalla sacca e la pelle del gambo viene tagliata a forma di diamante. Lo stinco viene posto in una casseruola e versato con il liquido del sacchetto. Ora la cotenna è croccante fritta in forno a 160 gradi centigradi in circa 45 minuti e uno stinco burro-tenero ma croccante è finito.

- **Cosciotto di agnello sous vide**

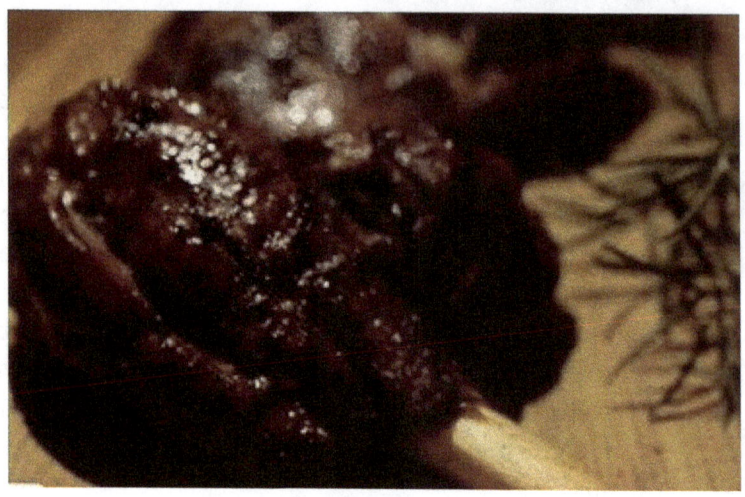

Ingredienti per 6 porzioni
- 1 cosciotto d'agnello, ca. 1,5 - 2 kg
- 3 ramo di timo
- 2 rosmarino
- 1 pezzo di burro
- 2 cucchiai da tè di aglio in polvere

Preparazione

Tempo totale ca. 20 ore 40 minuti

Parate il cosciotto d'agnello, strofinatelo con aglio in polvere, sale e pepe e mettete in un sacchetto. Aggiungere 2-3 rametti di timo e rosmarino (preferibilmente un po 'più di timo e un po' meno di rosmarino) e una buona puntura di burro. Aspirare la busta e metterla a bagnomaria preriscaldata a 57 ° C. Togliere dopo 20 ore di cottura, togliere le erbe aromatiche e asciugare tamponando. Mettere ora il cosciotto d'agnello sulla griglia (o forno) preriscaldato a 300 ° C con calore indiretto e grigliare per ca. 8-10 minuti.

- **Verdure alla paprika sous vide**

]
Ingredienti per 4 porzioni
- 3 peperone, rosso, giallo, verde
- 1 rametto di rosmarino
- 20 g di burro
- Sale e pepe

Preparazione

Tempo totale ca. 1 ora e 15 minuti

Pelare i peperoni con un pelapatate e tagliarli a pezzetti. Farcite insieme al rosmarino e al burro in un sacchetto sottovuoto e sottovuoto.

Mettere nel dispositivo sottovuoto a 90 ° C per ca. 60-90 minuti. Quindi togliere dal sacchetto e condire con sale e pepe. L'aroma pieno dei peperoni viene mantenuto.

Adatto come gustoso accompagnamento a tutti i tipi di pietanze.

- **Finocchi allo zafferano sous vide**

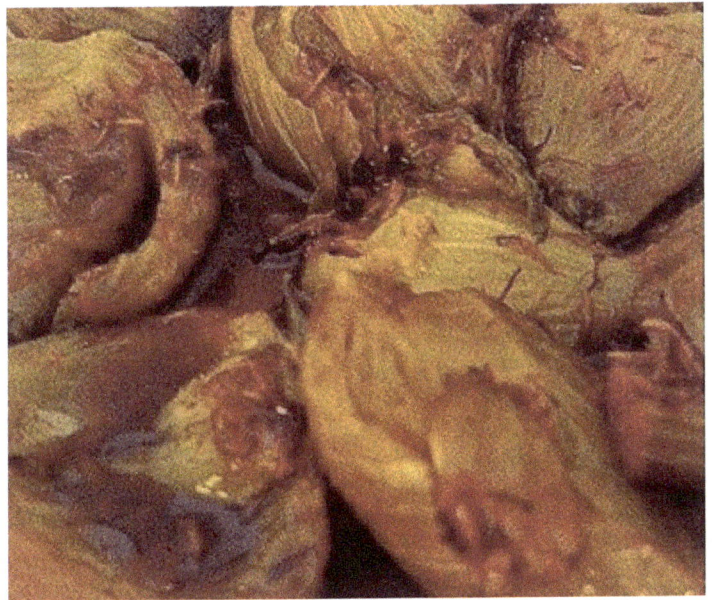

Ingredienti per 4 porzioni
- 2 tuberfennel
- 1 g di zafferano
- 100 ml di brodo di pollame
- 20 ml di olio d'oliva
- 3 g di sale

Preparazione

Tempo totale ca. 3 ore e 20 minuti

Tagliare il finocchio nel senso della lunghezza a fette spesse circa 6 mm. Dove le foglie pendono insieme attraverso il gambo, risultano le fette.

I gambi e le parti esterne possono essere usati bene per una crema di finocchi.

Aspirare le fette insieme agli altri ingredienti in un sacchetto sottovuoto. Cuocere a bagnomaria a 85 ° C per 3 ore.

Togliere dai sacchetti e ridurre il brodo di cottura a ca. 1/3 dell'importo.

Un contorno meraviglioso ed efficace, ad esempio con piatti di carne e pesce.

- **Roast beef in crosta di noci**

Ingredienti per 4 porzioni
- 1 kg di roast beef
- 150 g di noci tritate
- 1 cucchiaio e mezzo. burro
- 50 g di parmigiano, affettato finemente
- 4 cucchiai. Erbe, tritate, mediterranee
- Sale e pepe

Preparazione

Tempo totale ca. 5 ore e 30 minuti

Condire prima il roast beef con sale e pepe. Quindi saldare sotto vuoto. Cuocere il roast beef a 63 ° C con il metodo sous vide per circa 4 - 5 ore.

Nel frattempo creare una crosta di noci, burro, parmigiano, erbe aromatiche, sale e pepe. È meglio mettere tutti gli ingredienti miscelati in un sacchetto per congelatore. In questo arrotoli gli ingredienti piatti alla dimensione richiesta. Quindi la crosta va in frigo. Successivamente puoi tagliare la crosta alla giusta dimensione con un coltello affilato incluso un foglio. Rimuovere la pellicola e distribuirla esattamente sulla carne.

Preriscaldare il forno a 220 ° C funzione grill 20 minuti prima di servire e al termine del tempo di cottura.

Friggere l'arrosto di manzo in una padella molto calda con poco grasso su ogni lato per un tempo molto breve (30 secondi).

Togliere il roast beef dalla padella e metterlo in una pirofila. Ora metti la crosta sulla carne. Infornate e sfornate la carne solo quando la crosta è bella e dorata. Tuttavia, questo non richiede molto tempo, al massimo 5 minuti.

Ora puoi goderti un perfetto roast beef rosa con una crosta. B. con verdure porri e spaetzle.

- **Filetto di manzo, senza scottare**

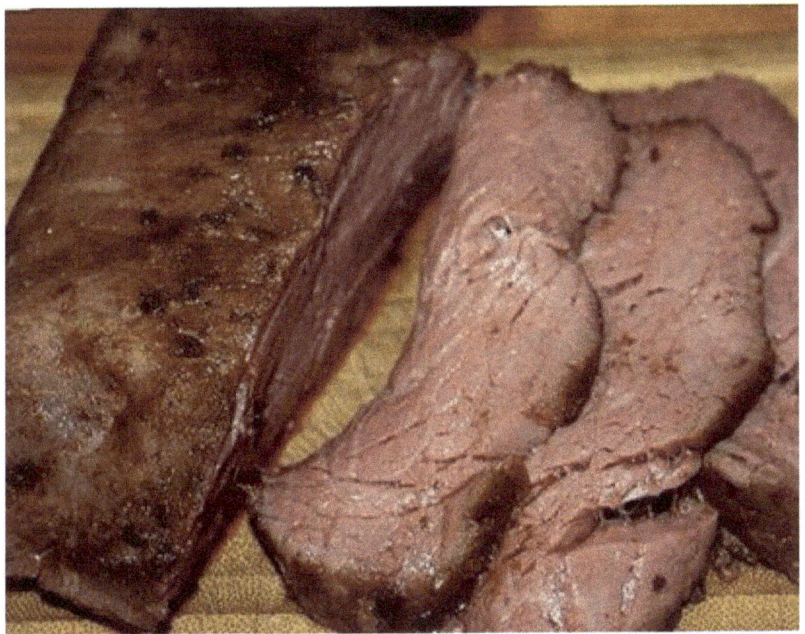

Ingredienti per 2 porzioni
- 400 g di filetto di manzo (pezzo centrale)
- 1 cucchiaio. salsa Worcester
- ½ cucchiaino di Pimentón de la Vera, dolce
- 1 cucchiaino di paprika in polvere, piccante
- 1 cucchiaino, zucchero di canna grezzo colmo
- 1 cucchiaino, erba cipollina colma, dr.

Preparazione

Tempo totale ca. 15 ore e 10 minuti

Metti il filetto in un sacchetto sottovuoto. Mescolare tutti gli altri ingredienti e aggiungerli al sacchetto. Strofina il filetto con gli ingredienti nel sacchetto. Quindi aspirare. È meglio lasciare marinare il filetto per una notte.

Togliere il filetto dal frigorifero 2 ore prima della cottura. Preriscaldare un forno adatto sottovuoto a 55 ° C. Mettere il filetto in forno per 3 ore.

Togliete dal sacchetto, tagliate e servite subito.

- **Bistecca di tonno su spinaci al cocco**

Ingredienti per 2 porzioni
- 2 bistecche di tonno, 250 g l'una
- 250 g di spinaci in foglia
- 1 pezzo di zenzero piccolo, circa 2 cm
- 1 cucchiaio. olio d'oliva
- 3 cucchiai. olio di sesamo
- 1 scalogno
- 1 cucchiaio, semi di sesamo colmi, tostati
- 100 ml di latte di cocco
- 1 punta di aglio
- Sale e pepe

Preparazione

Tempo totale ca. 55 minuti

Lascia scongelare gli spinaci e strizzali bene. Pelate e grattugiate lo zenzero. Pelare lo scalogno e l'aglio e tagliarli a cubetti.

Riscaldare l'olio d'oliva e rosolare lo scalogno e l'aglio. Aggiungere gli spinaci e rosolare per 10 minuti. Mescolare insieme latte di cocco, olio di sesamo e semi di sesamo tostati. Spremi lo zenzero grattugiato e aggiungi il tutto agli spinaci. Condire con sale e pepe.

Cuocere le bistecche di tonno sottovuoto nel bagno sous vide per 40 minuti a 44 gradi Celsius.

Quando tutto è pronto, disimballare le bistecche di tonno, asciugarle tamponandole e rosolarle per 30 secondi su ogni lato. Condire con sale e pepe.

- **Petto d'anatra all'arancia**

Ingredienti per 2 porzioni
- 2 Petti d'anatra disossati
- 1 arancia
- 10 grani di pepe
- 2 rametti di rosmarino
- 20 g di burro
- 20 g di burro chiarificato
- 1 cucchiaio. salsa di soia
- 1 cucchiaio. aceto di vino bianco
- 1 cucchiaio. miele
- 100 ml di vino rosso

Burro per friggere
Sale e pepe

Preparazione

Tempo totale ca. 2 ore e 45 minuti

Lavate i petti d'anatra, asciugateli e passateli con i filetti d'arancia, i grani di pepe, il rosmarino e il burro. Mettere in un dispositivo sottovuoto a 66 gradi per 90 minuti.

Quindi estrarre dalla borsa. Raccogli e conserva il liquido e altri contenuti. Rimuovere i grani di pepe. Tagliare la pelle del petto d'anatra a forma di diamante. Friggere sul lato della pelle fino a quando non è marrone e croccante. Togli i petti d'anatra dalla padella e tienili al caldo.

Mettere nella padella l'arancia, il rosmarino e il brodo del sacchetto. Aggiungere la salsa di soia, l'aceto di vino bianco, il miele e il vino rosso e lasciare cuocere a fuoco lento. Montare con burro freddo se necessario. Sale e pepe.

Da abbinare a patate duchesse e verdure croccanti.

- **Sella di agnello con patate gratinate**

Ingredienti per 3 porzioni
- 3 Sella d'agnello, rilasciata (salmone d'agnello)
- 500 g di patate
- 3 rosmarino
- 1 tazza di panna, ca. 200 gr
- 3 peperoncino
- 1 uovo
- Timo
- ⅛ Litro di latte
- 3 dita di aglio
- Sale e pepe
- Olio d'oliva

Preparazione

Tempo totale ca. 1 ora e 15 minuti

Per prima cosa aspirare ogni costata di agnello con 1 spicchio d'aglio, 1 rametto di rosmarino, un po 'di timo e un po' di olio d'oliva. Cuocere approssimativamente per 60 min a 54 ° C sottovuoto.

Nel frattempo sbucciate le patate, tagliatele a fettine sottili e mettetele in una teglia da forno.

Montare la panna, il latte e l'uovo e condire con sale e pepe. Mi piace mangiare piccante e ho aggiunto 3 peperoncini piccoli. Versare il liquido sulle patate, spalmare il formaggio e infornare lo stampo per ca. 45 min a 200 ° C.

Appena la carne sarà pronta, liberatela dal sottovuoto e rosolatela tutt'intorno.

Basta servire.

- **Carré di agnello**

Ingredienti per 4 porzioni
- 2 Rack di Agnello (Corona di Agnello)
- 8 ramo di timo
- 2 dita di aglio
- Olio d'oliva
- Sale e pepe

Preparazione

Togliere le corone di agnello dal frigo, parare e portare a temperatura ambiente.

Quindi mettere una corona in un sacchetto sottovuoto e condire con olio d'oliva, sale e pepe e aggiungere 3 rametti di timo. Quindi aspirare.

Se non hai un aspirapolvere, puoi anche usare il seguente trucco: Riempi

una ciotola con acqua fredda. Mettere la carne in un normale sacchetto per congelatore e tenerla sott'acqua solo fino a quando l'acqua non può entrare nell'apertura. Quindi sigillare con una clip sott'acqua - fatto.

Quindi mettere l'agnello sottovuoto a bagnomaria e lasciarlo macerare per circa 25 minuti a 58 gradi.

Tira fuori l'agnello dalla borsa. In una padella con olio d'oliva rosolare i restanti rametti di timo e l'aglio tritato grossolanamente e schiacciato. Quindi unire l'agnello nella padella tutto intero e soffriggere brevemente tutto intorno per ottenere aromi di arrosto.

Quindi servire.

CONCLUSIONE

Vale davvero la pena investire in questo nuovo metodo di cucina moderno per la cucina casalinga di tutti i giorni? Condividerò i motivi per cui penso che sous vide sia uno strumento pratico per tutto, da una cena di una settimana a una cena di fantasia.

Anche se questa tecnica può sembrare così strana e pignola: sacchetti di plastica? Gadget high-tech? Chi ha bisogno di tutto ciò in cucina? Ma i vantaggi del sous vide, così conosciuto dai ristoranti, possono essere di enorme aiuto anche al cuoco di casa.

Il sottovuoto offre un controllo completo in cucina per offrire il cibo più tenero e saporito che tu abbia mai avuto. Con questo, è semplicissimo ottenere risultati di qualità da ristorante da bordo a bordo.

La ragione più sorprendente per me è la semplicità e la flessibilità di sous vide. Se stai cucinando per una serie di preferenze alimentari o allergie, la cottura sottovuoto può semplificarti la vita. Ad esempio, puoi cucinare pollo marinato con molte spezie e pollo appena cosparso di sale e pepe allo stesso tempo, quindi varie categorie di persone saranno felici!

www.ingramcontent.com/pod-product-compliance
Lightning Source LLC
Chambersburg PA
CBHW051705160426
43209CB00004B/1026